KB194199

Hablemos juntos en español

지은이

Claudia Macías
멕시코 El Colegio de México 문학박사
서울대학교 서어서문학과 조교수

이만기
마드리드 아우또노마 대학교 문학박사
서울대학교 서어서문학과 부교수

그린이

조수인
서울대학교 서어서문학과 08학번

Hablemos juntos en español

2009년 9월 5일 초판 제1쇄 발행
2016년 2월 20일 초판 제6쇄 발행

지은이 | **Claudia Macías** · 이만기
펴낸이 | 성낙인
펴낸곳 | 서울대학교출판문화원

(08826) 서울 관악구 관악로 1
마케팅팀 (02) 889-4424·880-7995 팩스 (02) 888-4148
E-mail: snubook@snu.ac.kr
Home-page: http://www.snupress.com

출판등록 제15-3호
ISBN 978-89-521-1063-3 03770
© Claudia Macías 2009

기초교양교육원 기초교양교육 시리즈 16

Hablemos juntos en español

Una guía para la clase de conversación

모두 함께 스페인어로 말해요!

스페인어 초급 회화

Nivel Elemental

Claudia Macías · 이만기

서울대학교출판문화원

발간사

오늘의 대학은 문명사적 대전환의 와중에서 진리탐구와 인력양성이라는 두 가지 과제를 수행해야 한다. 급변하는 현대사회에서 진리의 본질을 찾기 위한 연구와 사회의 개선을 위한 교육은 서로 밀접히 연관되어 있다. 이를 통해 대학은 지역, 국가, 인류 사회의 발전에 봉사하고 공헌한다.

서울대학교는 세계화 시대에 다양한 문화와 가치를 이해하고, 더불어 사는 공동체를 위한 덕목과 윤리를 갖추고, 세계 수준의 전문가로서 전공지식을 배우고, 그리고 현실사회의 문제 해결을 위한 비판적 사고와 분석 능력을 길러주는 것을 주요한 교육목표로 설정하고 있다.

이를 위해 현대사회의 다양한 주제와 쟁점들에 대한 교양교재의 개발은 필수적이다. 서울대학교는 '학문의 기초', '핵심교양', '일반교양'을 기초교육의 중심 분야로 설정하고 있다. 이 세 분야에 걸친 교양교재의 발간이 비단 서울대학교 학생들뿐만 아니라 우리 사회 젊은이들의 지적 양식의 보고로서 학문적·실천적 안목과 지평을 높일 수 있는 계기가 되기를 기대한다.

서울대학교 기초교육원장

스페인어 회화를 위한 지침서

*모두 함께 스페인어로 말해요(Hablemos juntos en español)*는 스페인어 회화 수업을 위해 필요한 이론적인 기초와 실용적인 아이디어를 제공하는 교재이다. 스페인어를 처음으로 배우는 학생이더라도 본 교재가 제공하는 연습을 통하여 짧은 시간 내에 능숙하게 말할 수 있게 될 것이다. 본서에서 제안하는 학습 활동들은 수년간 기초 스페인어 회화 강의를 하면서 얻은 경험의 산물이다. 스페인어 회화를 처음 시작할 때 두려움을 가졌던 학생들이 매 학기 강의가 끝날 무렵이면 이를 극복하고 스페인어에 대한 열정을 가지게 되었기에, 강의 중에 시도했던 학습 활동들이 성공적이었음을 확인할 수 있었다.

학기 중에 본 교재로 공부하면서, 학생들은 교재에서 제시된 활동을 하고, 강의 그룹의 동료들과 대화를 하기 위해 강의실 내에서 자유롭게 오고 가는 움직임을 즐기며, 나이에 상관없이 반 친구들의 이름을 부르면서 스페인어라는 언어가 주는 문화의 차이를 느끼게 된다. 본서의 특징 중의 하나는 회화학습 활동에 필요한 어휘들이 적절한 위치에 "단어장"으로 있다는 것이다. 또 다른 특징으로는 각 단원에 수록된 다양한 활동들은 학생들이 가장 재미있는 방법으로 스페인어를 습득하고 연습할 수 있는 놀이나 게임으로 이루어져 있다는 것이다. 필요한 경우, 본서의 끝 부분에 있는 연습 문제 해답을 참고하면 된다. 각 과에는 해당 주제와 관련된 "오늘의 문장" 부분이 있어서, 학생들은 반 친구들과 자유롭게 회화 연습 상대를 택하여 중요한 문장들을 연습을 할 수가 있다. 또한 책의 부록에는 15개의 스페인어 노래 가사들이 수록되어 있어 듣기 능력을 향상시킬 수 있으며, 각 단원에서 배우는 문법 사항들을 보다 잘 숙지할 수 있다. 수록된 모든 노래들은 인터넷을 통하여 들을 수 있다.

이러한 방법으로 본서는 일상 생활과 관련된 26개 주제를 선별하여, 문법적인 측면에서 볼 때, 다른 책에서 복잡하게 다루거나 작문 연습에 치우쳐져 있는 면을 줄이려고 노력하였다. 본서에서는 최대한 실용적인 방법으로 주제를 제시하여, 학습자가 스페인어를 통해 친구들을 사귀면서 일상 속에서 대화하는 법을 배우도록 하였다.

본서의 스페인어 스타일은 대다수 스페인어권 국가에서 사용하는 스페인어이다. 즉, 2인칭 복수형 사용에 있어 "vosotros" 대신에, 동사 변화가 보다 쉬운 "ustedes" 를 사용하였다.

본서에서 사용한 기호들은 다음과 같다.

§ - 주제   ☼ - 활동   ♪ - 노래 (가사)   ☺ - 단어장(기본 필수 단어)

값진 아이디어와 지적 사항들을 통해 본 텍스트의 집필에 많은 도움을 주신 김은경 교수님, 윤봉서 선생님께 감사 드리고, 본서의 마지막 편집을 도와준 손지은 조교와 책에 나오는 모든 삽화를 그려준 조수인 학생에게 고마움을 표한다. 또한 본서를 출판할 수 있도록 지원해 준 서울대학교 기초교육원과 편집과 인쇄를 위해 수고해 준 서울대학교출판문화원에 감사를 드린다.

2009년 5월, 서울

Una guía para conversar en español

Hablemos juntos en español es un libro en forma de guía que sugiere actividades para la clase de conversación en español, con ideas prácticas y con solamente los fundamentos teóricos necesarios. La idea es propiciar que el alumno que inicia sus conocimientos sobre el idioma hable en español y adquiera habilidad en la conversación. Las actividades incluidas son producto de años de experiencia en dar la clase de conversación elemental, por lo cual, hemos comprobado el resultado en el entusiasmo de los alumnos al finalizar el curso y al haber superado el 'temor' inicial para hablar en español.

En este libro se invita a los estudiantes de la clase de conversación a sentir la diferencia cultural que permite el idioma español, al llamar a sus compañeros por sus nombres sin importar su edad, y a disfrutar de la posibilidad de moverse libremente en el salón de clase para conversar con otros compañeros, siguiendo las actividades que se sugieren. Una de las características de este texto es que incluye grupos de "palabras de ayuda" en los lugares apropiados, con el vocabulario que se necesitaría en cada actividad. Otra característica es que varias de las actividades son juegos para que los estudiantes adquieran y practiquen su español de manera más divertida. En los casos necesarios, aparecen las respuestas al final del libro. En cada lección aparece "la frase de hoy" acorde con cada tema, con la cual los alumnos interactúan con sus compañeros libremente. Contiene también la letra de quince canciones en español, para desarrollar la capacidad de audición y para reconocer formas que van aprendiendo en las lecciones. Todas las canciones se pueden escuchar en Internet.

De esta manera, el presente libro recoge veintiséis temas de la vida cotidiana que en otros textos se presentan de manera más compleja, gramaticalmente hablando, o más encaminados a la composición. Aquí, los temas se ofrecen de la manera más práctica posible con el fin de que el alumno aprenda a conversar en situaciones de la vida diaria, conociendo amigos a través del español.

El tipo de español de este libro es el que se habla en la mayoría de los países hispanohablantes, es decir, prescindimos del uso de la segunda persona del plural, 'vosotros', dando paso al 'ustedes' que es más fácil en lo referente a las conjugaciones de los verbos.

Los signos que hemos utilizado son: § - tema   ☼ - actividad ♪ - canción ☺ - palabras de ayuda (vocabulario básico)

Deseamos agradecer a los profesores Kim Un-Kyung y Yoon Bong-Seo que nos apoyaron con valiosas ideas y observaciones, y a Son Jy-Eun que nos ayudó en la revisión final del texto. Destacamos la colaboración de Cho Su-In, quien se encargó de los dibujos. Nuestro agradecimiento también a SNU Press, por el cuidado de la edición e impresión y, en especial, a la Facultad de Educación Básica de la Universidad Nacional de Seúl, por su apoyo para el proyecto que hizo posible la publicación de este libro.

Seúl, mayo de 2009

| ÍNDICE |

Anexos

| ÍNDICE por TEMAS |

§ Lección 1. Me presento, te presento a...

§ TEMA 1. Datos básicos personales para presentarse y conocer a sus compañeros

☼ **1)** *Después de escribir, frente al grupo me presento ante mis compañeros de clase*
(빈칸을 채우고 나서, 반 친구들 앞에서 나를 소개하세요.)

Hola, mi nombre es _____ y en español _____ (no tengo nombre).

(한국 이름을 한글로 쓰시오)   (스페인어 이름) (스페인어 이름은 없어요)

Estudio la carrera de (전공) _____ y estoy en el _____año (학년).

Tengo _____ años (나이) y nací en _____ (태어난 도시나 나라).

Estudié español durante _____ (과거에 스페인어를 공부한 시간).

☺ **Palabras de ayuda** (단어장)

Año - 학년		**Edad** - 나이	
1º - primer año	3º - tercer año	17 - diecisiete años	20 - veinte años
2º - segundo año	4º - cuarto año	18 - dieciocho años	21 - veintiún años
*Todavía no decido carrera -아직 전공 미결정		19 - diecinueve años	22 - veintidós años
		+ 22 - más de ventidós años -22세 이상	

Carreras - 전공

Lengua y Literatura Hispánica -서어서문학   Arquitectura -건축학

Lengua y Literatura Inglesa, Rusa -노어노문학   Ingeniería -공학

Derecho -법학   Economía -경제학

Medicina -의학   Administración -경영학

Relaciones Internacionales -국제관계학   Matemáticas -수학

☼ **2)** *Me presento a varios compañeros de clase*
(일어서서 "오늘의 문장"을 사용하면서 자신을 소개하기 위해 반 친구들에게 갑니다.)

* *Todos, de pie, preguntan a varios compañeros*(모두들 일어서서 여러 친구들에게 다음을 물어봅니다.)

> ### La frase de hoy
>
> A: Yo soy __Ana__, y tú ¿cómo te llamas?
> B: Yo me llamo__Raúl__.
> A: Mucho gusto Raúl.
> B: Mucho gusto Ana.

☀ **3)** *Otros ejemplos para presentarse* (소개하기 위한 다른 표현들)

EJEMPLO 2

A: Hola, yo **soy** _Carlos_ .

B: Hola, mi nombre **es** _Ana_ .

A: Mucho gusto, _Ana_ .

B: Igualmente, _Carlos_ .

EJEMPLO 3

A: Mi nombre **es** _Sonia_ , ¿y tú?

B: Yo **soy** _Luis_ .

A: Tanto gusto, _Luis_ .

B: Encantado.

☀ **4)** *Repetir juntos los saludos y las despedidas* (첫인사와 작별인사를 다같이 반복합니다.)

Saludos al llegar (도착할 때 인사)

Con los mayores (어른들과)
Buenos días.
Muy buenos días.
Buenas tardes.
Muy buenas tardes.
Buenas noches.
Muy buenas noches.
¿Cómo está usted?

Hola, cómo estás?

Con los amigos (친구들과)
Hola.
¿Qué tal?
¿Cómo estás?
¿Qué cuentas?
¿Qué hay de nuevo?
¡Qué gusto de verte!
¡Cuánto tiempo sin verte!

Saludos al salir (나갈 때 인사)

Con los amigos.
Adiós.
Hasta pronto.
Nos veremos.
Hasta mañana.
Que estés bien.
Que tengas buen día.

Con los mayores
Hasta mañana.
Que descanse.
Que le vaya bien.
Que pase (muy) buenos días.
Que pase (muy) buenas tardes.
Que pase (muy) buenas noches.

☺ **Palabras de ayuda** (단어장)

¿Qué tal? -어떻게 지내?
¿Qué hay de nuevo? -뭐 새로운 소식 있어?
¿Cómo estás? -잘 지내?
presentarse -소개하다
compañero - (반)친구
carrera -전공
mayores -어른, 윗사람

Que tengas buen día. -좋은 하루 보내.
Que te vaya bien. -잘 가.
Que le vaya bien. -잘 되길 바래.
Que pase buenas noches. -좋은 밤 보내세요.
                     ("안녕히 계세요"의 의미)
Nos veremos. / Hasta pronto. -곧 보자.
Hasta mañana. -내일 봐.

☼ **5)** *Pregunta a varios compañeros su nombre y ¡no los olvides!*

(여러 명의 친구들에게 이름을 물어보고 잊어버리지 마세요!)

PROFESOR: ¿Quiénes son tus compañeros?

ALUMNA: Él es mi compañer**o** ___Luis___, ella es mi compañer**a** ___Ana___,

y yo me llamo ___Isabel___.

ALUMNO: Él es mi compañer**o** _____, ella es mi compañer**a** _____,

y yo me llamo _____.

En la cultura hispana, los nombres son muy importantes. Conocer el nombre de una persona es signo de confianza, especialmente entre amigos y compañeros de clase. Al hablar en español, ¡vamos a llamar a nuestros compañeros por su nombre!

스페인어권 문화에서는 이름이 매우 중요합니다. 어느 한 사람의 이름을 아는 것은 신뢰를 의미합니다. 특별히 친구들과 반 동료들 사이에서 말입니다. 스페인어로 말할 때는 반 친구들의 이름을 불러줍시다.

☼ **6)** *Escribe junto con un/a compañero/a los saludos* (인사말을 친구들과 함께 써 봅시다.)

Al llegar (도착할 때)

1. ___Buenos días___, profesor.
2. _____, Luis.
3. _____, Sr. Kim.

Al salir (나갈 때)

4. _____, Carlos.
5. _____, profesora.
6. _____, Lidia.

* En la cultura hispana, es usual darse un beso o un abrazo al saludar.

스페인어권 문화에서는 인사할 때 보통 볼에 키스를 하거나 안아 줍니다.

* Solamente se besan hombres con mujeres o entre mujeres. ¡Nunca dos hombres!

남자들은 여자들에게만 혹은 여자들 사이에서만 볼에 키스를 할 수 있습니다. 남자 두 명끼리는 절대 안 됨!

ser 이다 / 입니다			
(yo)	**soy**	(nosotros/as)	**somos**
(tú)	**eres**	(vosotros/as)	**sois** (스페인에서만 사용)
(usted, él / ella)	**es**	(ustedes)	**son**
		(ellos/as)	**son**

☀ **7)** *Escribe el verbo SER y compara con tus compañeros* (친구들이 쓴 것과 비교해 보세요.)

Respuestas al final del libro

1. (Yo)_____estudiante.

2. (Nosotros)_____coreanos.

3. (Ellas)_____muy bonitas.

4. (Tú)_____inteligente.

5. (Usted)_____profesor(a).

6. (Él)_____entusiasta.

7. (Ustedes)_____amigos.

8. (Ellos)_____alumnos.

9. (Yo)_____alegre.

10. (Ella)_____sincera.

11. Juan _____ guapo.

12. Ana _____ hermosa.

13. Él y tú (ustedes) _____ amigos.

14. Luis y Ana (ellos) _____ novios.

15. José y yo (nosotros) _____ estudiantes.

16. Michel _____ francés.

17. Estela y tú _____ entusiastas.

18. Ellos y yo_____compañeros.

19. Los mexicanos_____alegres.

20. Todos_____muy inteligentes.

☺ **Palabras de ayuda** (단어장)

escribe -쓰세요(쓰다)	sincero/a -성실한	guapo/a -잘 생긴, 예쁜
compara -비교하세요(비교하다)	bonita/o -귀여운	hermosa -아름다운
correcto -정확한	entusiasta -열정 있는	alegre -기쁜
→hacer la tarea -숙제를 하다	amigo/a -친구	novio/a -연인, 애인

SINGULAR	PLURAL	
tú	ustedes	(en América Latina)
tú	vosotros	(en España)

Usted se usa para hablar a personas que no conocemos y para dirigirnos a los mayores.
Usted은 잘 알지 못하는 사람이나 손윗사람들에게 사용합니다.

El tuteo (**tú**) se usa entre amigos, con los compañeros y para hablar a los menores.
Tú는 친구들, 동료들, 가족들 또는 손아랫사람들에게 사용합니다.

♪ *¡Vamos a cantar!* (노래합시다!) ♫♫ - *CANCIÓN 1* -

Cristina Aguilera escribe su nombre en inglés, Christina. Escuchemos la CANCIÓN 1, al final de tu libro: ***Ven conmigo***. *Puedes encontrar la canción en http://kr.youtube.com/ *Para todas las canciones, buscar por el título junto con el nombre del cantante para encontrar la versión que se incluye al final del libro. (http://kr.youtube.com/ 사이트에서 노래를 들을 수 있습니다. 모든 노래들은 책의 마지막 부록에 있는 가사를 찾을 때, 제목과 함께 가수의 이름을 넣어 검색하세요.)

§ Lección 2. Nuestro cuerpo

§ TEMA 2. Las partes del cuerpo y adjetivos para la descripción física

☀ **1)** *Dos compañeras leen el diálogo* (두 명의 여학생이 다음 대화를 읽습니다.)

A: Hola, soy Lidia, (soy) tu compañera de la clase de español.

B: Mi nombre es Liz. Mucho gusto.

A: ¡Tu **pelo** es muy bonito!

B: Gracias. Tu **pelo** también es muy bonito.

A: Hasta mañana, Liz.

B: Nos veremos, adiós.

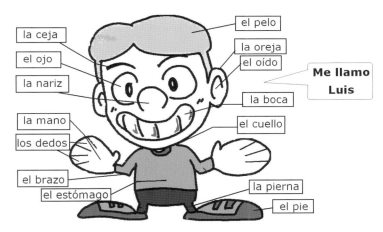

el pelo
la ceja
la oreja
el ojo
el oído
la nariz
la boca
Me llamo Luis
la mano
el cuello
los dedos
el brazo
el estómago
la pierna
el pie

☀ **2)** *¿Cómo es Luis? Escribe y compara con tus compañeros*

(루이스의 모습은 어떤가요? 아래의 빈칸을 채우고 친구들과 비교해 보세요.)

Luis ___tiene___ pelo _____ y ojos _____ . Tiene boca _____ y

nariz _____ . También, _____ piernas _____ y manos_____ .

☺ **Palabras de ayuda**

la cabeza -머리	la barriga -배	el hombro -어깨	alto/a - (키가) 큰	corto/a -짧은
la cara -얼굴	la espalda -등	el estómago -위, 배	bajo/a - (키가) 작은	largo/a -긴
la ceja -눈썹	el brazo -팔	la pierna -다리	gordo/a -뚱뚱한	débil -약한
la nariz -코	la mano -손	el pie -발	delgado/a -날씬한	fuerte -강한
la oreja -귀	las uñas -손톱	el bigote -콧수염	calvo/a -대머리의	

el oído -청각, (귀)	la barba -턱수염	estatura regular -보통의 신장
el pelo rubio -금발머리	pelo rizado -파마머리	estatura mediana -보통의 신장
pelo ondulado -곱슬머리	pelo lacio -생머리	también -역시

☼ **3)** *¿Cómo es? Dibuja con tus compañeros a "Luisa", la amiga de Luis* *Pueden hacer el dibujo en carteles grandes para mostrarlos después a sus compañeros (어떻게 생겼나요? 반 친구들과 함께 루이스의 친구인 "루이사"를 그려 보세요. 나중에 반 친구들에게 보여주기 위해 큰 종이에 그림을 그려 보세요.)

EQUIPO 1

1. Luisa es alta y delgada.
2. Tiene pelo rubio, corto y rizado.
3. Tiene ojos pequeños y azules.
4. Tiene boca grande y nariz larga.
5. Tiene manos pequeñas y uñas largas.
6. Tiene piernas cortas y brazos delgados.
7. Tiene pies grandes.

Luisa

EQUIPO 2

1. Luisa es baja y delgada.
2. Tiene pelo negro, corto y lacio.
3. Tiene ojos grandes y verdes.
4. Tiene boca pequeña y nariz grande.
5. Tiene manos grandes.
6. Tiene piernas largas y brazos cortos .
7. Tiene pies grandes.

EQUIPO 3

1. Luisa es baja y gorda.
2. Tiene pelo castaño, largo y rizado.
3. Tiene ojos grandes y cafés.
4. Tiene boca grande y nariz pequeña.
5. Tiene manos grandes y uñas largas.
6. Tiene piernas cortas y brazos fuertes.
7. Tiene pies pequeños.

☼ **4)** *Leer juntos en voz alta* (큰 목소리로 함께 읽으세요.)

Él / Ella es de <u>estatura</u> baj*a*. → Él es baj*o*. // Ella es baj*a* Él / Ella es de <u>estatura</u> median*a*. Él / Ella es de <u>estatura</u> alt*a*. → Él es alt*o*. // Ella es alt*a*.	PELO: rubio – castaño – negro, ondulado – lacio – rizado, largo – corto OJOS: grandes – pequeños, cafés – negros
BOCA: grande – mediana – pequeña NARIZ: larga – mediana – pequeña	BRAZOS: largos – regulares – cortos, fuertes – delgados
MANOS: grandes – medianas – pequeñas UÑAS: cortas – largas – pintadas	PIERNAS: largas – regulares – cortas PIES: grandes – pequeños – medianos

tener 가지다			
(yo)	**tengo**	(nosotros/as)	**tenemos**
(tú)	**tienes**	(ustedes)	**tienen**
(usted, él / ella)	**tiene**	(ellos/as)	**tienen**

☼ **5)** *Escribe el nombre en las líneas* (밑줄 친 부분에 해당하는 단어를 쓰세요.)

Respuestas al final del libro

1. La boca
2. La nariz
3. El brazo
4. El pie
5. El cuello
6. La mano
7. El pelo
8. La pierna
9. La ceja
10. El ojo

☼ **6)** *¿Cómo eres tú?* (너의 모습은 어떠하니?)

Yo __tengo__ pelo _____ y _____, ojos _____ y _____.

(Yo)_____ boca _____ y nariz _____. También _____

piernas _____ y manos_____. (Yo) _____ uñas _____.

Todos, de pie, preguntan a varios compañeros (모두들 일어서서 여러 친구들에게 다음을 물어봅니다.)

La frase de hoy

¿Cómo es tu mejor amigo o amiga?
Mi mejor amigo/a es...

A:¿Cómo es tu mejor amigo? (너의 가장 친한 친구의 모습은 어떠하니?)

B: Mi mejor amigo/a __tiene__ pelo _____ y _____ y ojos _____.

(Él/ella) _____ piernas _____ y manos_____.

No tiene_____ ni _____.

☼ **7)** *¿Cómo es? Escribe junto con un/a compañero/a*

El señor tiene pelo _____ y _____. También tiene _____

y __barba__. Tiene ojos _____ y tiene brazos _____.

Zapata tiene
_____ grande y
pelo _____.

El maestro tiene __barba__ y _____.

Tiene ojos _____ y nariz __mediana__.

Juan Carlos _____ pelo rubio

y largo. *Ellos no tienen bigote.

No tienen barba.

= (Ellos) <u>No</u> tienen bigote <u>ni</u> barba.

(그들은 콧수염도 턱수염도 없습니다.)

(Ellos) Son el grupo musical "Uff".

El uso de los pronombres es opcional en español

스페인어에서 인칭대명사 사용은 선택 사항입니다.

Soy feliz. = Yo soy feliz

No tienen bigote. = Ellos no tienen bigote

§ Lección 3. Tus amigos

§ TEMA 3. Descripción física y psicológica de las personas

usar 사용하다			
(yo)	**uso**	(nosotros)	**usamos**
(tú)	**usas**	(ustedes)	**usan**
(él / ella)	**usa**	(ellos)	**usan**
* usa lentes 안경을 쓰다		* usa bigote y barba	

☼ **1)** *¿Quién es Iván? Escribe el nombre de cada amigo en el cuadro*

(위의 빈 칸에 친구들의 이름을 써 보세요.) Respuestas al final del libro

Iván es alto y delgado, es alegre y deportista.
Tiene pelo ondulado. Tiene brazos largos
y piernas largas.

Oscar tiene nariz pequeña y boca grande.
Tiene pelo lacio y corto. Es simpático y estudioso.
Usa lentes.

Jaime tiene pelo negro y un poco largo.
Usa barba y bigote, tiene ojos pequeños.
Es inteligente y sincero.

Pablo es bajo y fuerte, es divertido
y generoso. También es deportista.
Tiene pelo lacio y brazos fuertes

David tiene pelo corto y ondulado,
tiene nariz grande y boca grande.
Tiene piernas cortas. Es amable y comilón.

Alan tiene _____,
es _____.
Usa_____.

pensar 생각하다			
(yo)	**pienso**	(nosotros/as)	**pensamos**
`(tú)	**piensas**	(ustedes)	**piensan**
(usted, él / ella)	**piensa**	(ellos/as)	**piensan**

☼ **2)** *¿Cómo piensas que eres?* (너의 모습은 어떻다고 생각하니?)

A: ¿Cómo piensas que eres?   ¡Qué bien!

B: Soy simpático **e** idealista.

A: ¡Qué bien!   ¡No lo creo!

B: Pero también soy agresivo **y** materialista.

A: ¡No lo creo! ¿En verdad?   ¿En verdad?

---

* *Todos, de pie, preguntan a varios compañeros* (모두들 일어서서 여러 친구들에게 다음을 물어봅니다.)

La frase de hoy

¿Cómo piensas que eres?

Soy trabajador/a y entusiasta. Pero también soy un poco tímido/a.

☺ **Palabras de ayuda**

¡Qué bien! -그렇구나!, 멋있구나!	*¡No lo creo! ¿En verdad?* -설마 그럴 리가, 정말?
1. paciente -참을성이 많은	1. agresivo/a -공격적인, 다혈질의
2. entusiasta -열정이 많은	2. aburrido/a -지루한, 열정이 없는
3. inteligente -똑똑한, 명석한	3. tonto/a -바보 같은, 멍청한
4. generoso/a -관대한	4. tacaño/a -인색한
5. abierto/a -열려 있는, 외향적인	5. tímido/a -소심한, 내성적인
6. optimista -낙천적인	6. pesimista -회의적인
7. estudioso/a -(공부를) 열심히 하는	7. perezoso/a -게으른, 나태한
8. simpático/a -착한, 친절한	8. antipático/a -못된, 불친절한
9. idealista -이상주의자(의)	9. materialista -물질주의자(의)
10. trabajador/a -(일을) 열심히 하는	10. flojo/a -게으른, 나른한
11. moderno/a -현대적인	11. anticuado/a -시대에 뒤진
* deportista -운동을 하는	* comilón/a -많이 먹는 * dormilón/a -많이 자는

¿Cómo eres? -너의 모습은 어때?	todos juntos -모두 함 un poco -조금
¿Cómo piensas que eres? -너는 모습은 어떻다고 생각하니?	de pie -서서 muy -매우
Pienso que... ~라고 믿어(생각해).	pero -그러나 también -역시

☼ **3)** *Mi compañero/a dice, pero pienso que... Ve arriba y busca el número igual*

（위의 표를 보고 같은 번호를 찾아보세요.）

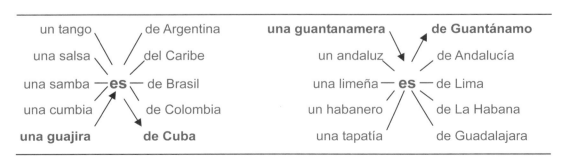

___Ana___ dice que es | **tímida** |, pero creo que (ella) es | **abierta** |

1. _____ dice que es _____, pero pienso que (él/ella) es _____

2. _____ dice que es _____, pero pienso que (él/ella) es _____

3. _____ dice que es _____, pero pienso que (él/ella) es _____

4. _____ dice que es _____, pero pienso que (él/ella) es _____

5. _____ dice que es _____, pero pienso que (él/ella) es _____

6. _____ dice que es _____, pero pienso que (él/ella) es _____

☼ **4)** *Mis compañeros y yo, ¿cómo somos?*

1. Yo tengo _____ y _____,

   soy _____, _____ y _____,

   me llamo _____.

2. Mi compañero/a se llama _____,

   tiene _____

   es _____ y _____.

3. Mi compañero/a se llama _____,

   tiene _____,

   es _____ y _____.

4. Mi compañero/a se llama_____,

   tiene _____,

   es _____ y _____.

♪ *¡Vamos a cantar!* ♫♫ *- CANCIÓN 2 -*

Guantanamera es una canción cubana muy popular. Es la CANCIÓN 2, al final de tu libro.
*Puedes encontrar la canción en http://kr.youtube.com/

un tango	de Argentina		**una guantanamera**	**de Guantánamo**
una salsa	del Caribe		un andaluz	de Andalucía
una samba — **es** — de Brasil			una limeña — **es** — de Lima	
una cumbia	de Colombia		un habanero	de La Habana
una guajira	**de Cuba**		una tapatía	de Guadalajara

Hablemos juntos en español   23

☼ **5)** *Completa el ejercicio*

1. Un tango __es__ de Argentina.

2. Una _____ es de Brasil.

3. Una cumbia es de _____.

4. Una _____ es del Caribe.

5. Una guajira _____ de Cuba.

6. Una guantanamera __es__ de Guantánamo.

7. Un habanero es de _____.

8. Una _____ es de Guadalajara.

9. Un andaluz es de _____.

10. Una _____ es de Lima.

§ Lección 4. Los trabalenguas

§ TEMA 4. Juegos de palabras para ejercitar la pronunciación en español

☼ **1)** *Ejercicios para mejorar la pronunciación. Leer juntos, en voz alta*
(발음 연습을 위한 코너입니다. 큰 목소리로 함께 읽으세요.)

1. *El ferrocarril* 기차 **~~ rrrrr~~**

Erre con erre, cigarro.
Erre con erre, barril.
Rápido corren los carros
cargados de azúcar del ferrocarril.

2. *Un carro* 차

Un carro cargado con rocas
iba por la carretera haciendo
carric, carrac, carric, carrac.

3. *Jaime* *이름

Bájame la jaula, Jaime.
Jaime, bájamela.

 **~~ jjjjj~~**

4. *Asia* 아시아 **~~ sssss~~**

Si así hacía Asia
Asia hacía así, sí.
Hacia Asia así, sí.

5. *El perro* 개

El perro de San Roque
no tiene rabo
porque Ramón Ramírez
se lo ha robado.
Y al perro de Ramón Ramírez,
¿quién le ha robado el rabo?

el rabo

☼ **2)** *Tres compañeros leen el trabalenguas "Guerra y Parra", con el tono indicado*
(세 명이서 다음의 "Guerra y Parra" tongue twister를 표시된 감정을 실어 읽으세요.)

6. *Guerra y Parra*

NARRADOR: Guerra tenía una parra. Parra tenía una perra.
Pero la perra de Parra rompió la parra de Guerra.
Guerra pegó con la porra a la perra de Parra.

SEÑOR PARRA (enojado, 화가 난):
Oiga, usted, Guerra, ¿por qué pega
con la porra a la perra de Parra?

SEÑOR GUERRA (enojado):
Porque si la perra de Parra no hubiera roto
la parra de Guerra, yo no habría pegado
con la porra a la perra de Parra.

¡mi parra!

¡mi perra!

☼ **3)** *Escoger uno de los 14 y memorizarlo. Decirlo frente al grupo junto con los compañeros que escogieron el mismo trabalenguas* (14개의 tongue twister 중에서 하나를 골라 암기하세요. 같은 tongue twister를 선택한 사람들과 함께 반 친구들 앞에서 암송해 주세요.)

7. *Una rosa* 장미
Rosa Rosales
cortó una rosa,
¡qué roja es la rosa
de Rosa Rosales!

8. *Pablito* *Pablo 이름의 축약형
Pablito clavó un clavito
en la calva de un calvito.
En la calva de un calvito,
Pablito clavó un clavito.

9. *Un burro* 당나귀
Un burro comía berros
y un perro se los robó
el burro lanzó un rebuzno
y el perro al barro cayó.

10. *Hoy* 오늘
Hoy ya es ayer
y ayer ya es hoy
ya llegó el día
y hoy es hoy.

11. *Querer* 사랑하다
¡Cómo quieres que te quiera!
Si el que quiero que me quiera
no me quiere como quiero
que me quiera.
¿Cómo quieres que te quiera?

12. *El carro caro* 비싼 차
Tan caro es ese carro
que por caro
no compro el carro.

13. *Rosa Rizo* *여자 이름
Rosa Rizo reza ruso,
ruso reza Rosa Rizo.

14. *Otra vez* 다시 한번
Erre con erre, entre brincos;
erre con erre, otra vez;
vienen los ornitorrincos
brincando, corriendo
y rodando a la vez.

* *Todos, de pie, preguntan a varios compañeros* (모두들 일어서서 여러 친구들에게 다음을 물어봅니다.)

La frase de hoy

¿Cuál es tu trabalenguas?

Mi trabalenguas es el 1, "El ferrocarril".

rr → erre   do~~ss~~ → dos   tre~~ss~~ → tres   Me~~c~~xico → México

§ Lección 5. Mi familia

§ TEMA 5. La familia y las relaciones básicas familiares

En la familia

1) los abuelos → nieto/a
2) los padres → hijo/a
3) el tío / la tía → sobrino/a
4) los esposos → esposo/a
5) los suegros → el yerno / la nuera

6) los padres → el padre (papá) / la madre (mamá)
7) los hijos → el hermano / la hermana mayor, mediano/a, menor
8) el hijo único / la hija única
9) las (hermanas) gemelas
10) los primos → primo/a

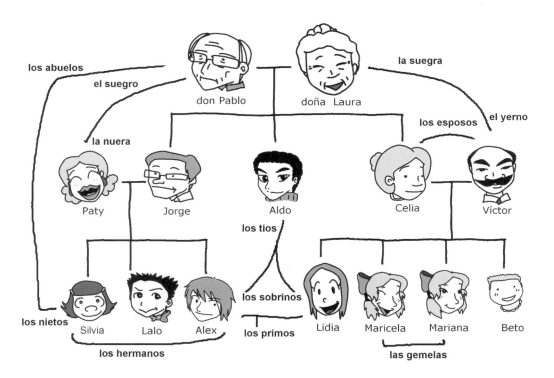

☼ **1)** *¿Quién es? Mira el dibujo* (누구인가요? 그림을 보세요.) Respuestas al final del libro

1. El **padre** de Jorge es_____.

2. Lalo y Alex son **hermanos** de _____.

3. Aldo es **hermano** de _____ y _____.

4. Paty y Jorge son _____ de Silvia.

5. El **yerno** de don Pablo es _____.

6. El **esposo** de Celia es _____.

7. El **hermano** de Lidia se llama _____.

8. Doña Laura es **esposa** de _____.

9. Lidia es **prima** de _____, _____ y_____.

10. La **nuera** de doña Laura se llama _____.

☼ **2)** *Les presento a mi familia* (나의 가족을 소개합니다.)

Hola, mi nombre es Jorge, les presento a mi familia. En mi familia somos siete (7), mi **esposa** Paty, mis tres (3) **hijos** y mis **padres**. Mi **esposa** Paty es simpática y alegre, es muy buena **nuera** con mi **madre**. Alex es el **hijo mayor**, es deportista y entusiasta. Lalo es el **hijo mediano** y Silvia es la **hija menor**. Todos son estudiosos e inteligentes y quieren mucho a su **abuelo** Pablo. ¡Somos una familia feliz!

---

* *Todos, de pie, preguntan a varios compañeros* (모두들 일어서서 여러 친구들에게 다음을 물어봅니다.)

La frase de hoy

¿Cuántos son en tu familia?

En mi familia somos cuatro (4): mi papá, mi mamá, mi hermano y yo.

¿Eres el hijo/la hija mayor?

Sí, soy el/la mayor.   /   No, soy el/la mediano/a.

/ No, soy el/la menor.

☺ **Palabras de ayuda**

casado/a -결혼한	abuelo/a -할아버지, 할머니	primo/a -사촌
soltero/a -독신의	mediano/a -중간의	nieto/a -손자, 손녀
viudo/a -홀아비, 미망인	menor -어린 (*막내)	hijo/a único/a -외동아들, 외동딸
sobrino/a -조카	gemelos/as -쌍둥이	novio/a -남자친구, 여자친구
nuera -며느리	yerno -사위	prometido/a -약혼자, 약혼녀
suegro/a -시아버지, 시어머니 / 장인, 장모		* tío/a -삼촌, 고모부, 이모부/고모, 이모 등

☼ **3)** *¡Escribe rápidamente! Busca la respuesta y escribe* *Respuestas al final del libro
   *Puede organizarse como juego en equipos para que escriban en la pizarra

   1. ¿Quién es la esposa de don Pablo? _____

   2. ¿Quiénes son los hijos de Celia y Víctor?_____

   3. ¿Quién es Paty?_____

   4. ¿Quiénes son los primos de Alex? _____

   5. ¿Quién es el yerno de Pablo y Laura? _____

6. ¿Quién es la esposa de Jorge? _____

7. ¿Quiénes son los suegros de Paty y Víctor? _____

8. ¿Cuántos nietos tienen Pablo y Laura? _____

9. ¿Quién es la esposa de Víctor? _____

10. ¿Quién es el hermano soltero de Jorge y Celia? _____

11. ¿Quiénes son las primas de Silvia? _____

12. ¿Cómo se llama la esposa de Aldo? _____

13. ¿Quién es la abuela de Lidia? _____

Los niños son el centro de la familia latinoamericana.
Reciben mucha atención de sus padres y abuelos. Por ejemplo,
se sirve primero de comer a los niños y después a los adultos.
라틴아메리카에서는 아이들이 가정에서 중심입니다. 할아버지, 할머니와 부모님의
관심을 많이 받습니다. 예를 들어, 식사를 할 때 아이들이 먼저 시작할 수 있고 이후
에 어른들이 식사를 시작하기도 합니다.

☀ **4)** *¿Cuál es tu apellido?*

1° *Pregunta el nombre de los compañeros que tienen tu apellido*
(너와 같은 성을 가진 친구들의 이름을 물어보세요.)

A: Mi apellido es Kim. ¿Y cuál es tu apellido?

B: Mi apellido es Kim, también. / Mi apellido es Song.

2° *El profesor dice primero y, luego, los alumnos*

PROFESOR: Mi apellido es Kim y también el de ___Liz y el de Carlos___.

ALUMNA: Mi apellido es Park y también el de ___José, el de Matías y el de Ana___.

ALUMNO: Mi apellido es Kwon y ___nadie___ tiene el mismo apellido.

☺ **Palabras de ayuda**

centro -중심	niño/a -어린이	apellido paterno -아빠의 성
atención -관심	adulto -어른	apellido materno -엄마의 성

En la cultura hispana, se usan dos apellidos, el paterno y el materno. Al casarse, la esposa
pierde el apellido materno y toma el del esposo, agregando "de".

Ana Padilla Flores → Ana Padilla de Ramírez

스페이어권 문화에서는 아빠의 성과 엄마의 성, 두 개의 성을 사용합니다. 결혼을 하게 되면 부인은 자신의
엄마의 성을 잃어버리고 de를 붙인 남편의 성을 따르게 됩니다.

☼ **5)** *¿Cómo son en mi familia?*   * Mi papá → <u>es</u> <u>inteligente</u> y <u>generoso</u>

1. Mi abuelo/a _____ _____ y _____.

2. Mi papá _____ _____ y _____.

3. Mi mamá _____ _____ y _____.

4. Mis hermanos/as _____ _____ y _____.

5. Mi hermano/a y yo _____ _____ y _____.

6. Mi primo favorito _____ _____ y _____.

7. Mi prima favorita _____ _____ y _____.

8. Yo _____ _____, _____ y _____.

☼ **6)** *Escribe sobre tu familia, escoge las palabras correctas*

(가족에 대해 적어 보세요. 아래에서 올바른 단어를 선택하세요.)

casado/a	soltero/a	viudo/a	hijo único/hija única
el mayor/la mayor	el mediano/la mediana	el menor/la menor	

1. Yo soy _____ SOLTERO/A – CASADO/A – VIUDO/A

2. Mi abuelo/a es _____ SOLTERO/A – CASADO/A – VIUDO/A

3. Mi padre es _____ SOLTERO/A – CASADO/A – VIUDO/A

4. Mi mamá es _____ SOLTERO/A – CASADO/A – VIUDO/A

5. Yo soy _____ MAYOR – MEDIANO/A – MENOR – ÚNICO/A

6. Mi primo favorito es _____

7. Y mi prima favorita es _____

8. Tengo muchos tíos _____ SOLTEROS/AS – CASADOS/AS – VIUDOS/AS

9. Y también muchas tías _____ SOLTEROS/AS – CASADOS/AS – VIUDOS/AS

§ Lección 6. Mi perro y mi moto

§ TEMA 6. Los pronombres y adjetivos posesivos

☼ **1)** *Dos compañeros leen los diálogos* (두 명의 친구들이 다음의 대화를 읽습니다.)

A: ¿Tienes coche?
B: No, no tengo coche,
   pero tengo una motocicleta.
A: ¿Cómo es tu moto?
B: Mi moto es pequeña, moderna y muy rápida.

A: ¿Tienes motocicleta?
B: No, no tengo motocicleta.
A: ¿Tienes coche?
B: No, no tengo coche.
A: ¿Tienes bicicleta?
B: No, pero tengo ropa nueva.

A: ¿Tienes coche?
B: No, no tengo coche.
A: ¿Tienes moto?
B: No, no tengo moto.
A: ¿Tienes bici?
B: No, pero tengo un perro pequeño.
   ¡Mi perro es muy bonito!

adjetivos posesivos 소유형용사	
mi casa -나의 집	**nuestro profesor** -우리 선생님
tu perro -너의 개	**su coche** -그의 차

☼ **2)** *¿Qué tienen? Escribe el verbo en la línea y el nombre de cada chico en el cuadro*
(무엇을 가지고 있나요? 문장의 빈칸에 동사를 쓰고 그림에 해당하는 친구들의 이름을 쓰세요.)

Sergio __tiene__ un coche deportivo de lujo.

Ángel _____ dos suéteres modernos.

David y Mónica _____ helados de vainilla y de chocolate.

Marcos _____ un equipo de música y muchos discos compactos.

Todos preguntan a sus compañeros (모두들 일어서서 여러 친구들에게 다음을 물어봅니다.)

La frase de hoy

¿Tienes perro en tu casa?

- Sí, tengo un perro grande/pequeño.
/ No, no tengo perro, **pero** tengo un gato / **pero**
tengo una computadora / **pero** tengo unas
macetas (con/sin flores)

☺ **Palabras de ayuda**

helado -아이스크림	equipo de música -전축	maceta -화분	con/sin -함께/없이
discos compactos -CD	flor/es -꽃	perro -개	computadora -컴퓨터
libro -책	gato -고양이	ropa -옷	diccionario -사전
carro -자동차	vestido -원피스	de lujo -화려한	coche -자동차
zapatos -신발	viejo -늙은	nuevo -새로운	patines -스케이트
pantalón -바지	suéter -스웨터	vainilla -바닐라(맛)	motocicleta (moto) -오토바이

☼ **3)** *¿Qué tienen? ¿Cómo son?*

1. Mi primo __tiene__ dos perros, __sus__ perros __son__ inteligentes.

2. Oscar _____ un pantalón, _____ pantalón _____ viejo.

3. Mi tía _____ un diccionario, _____ diccionario _____ moderno.

4. Karina _____ un vestido, su _____.

5. Arturo _____ unos patines, sus _____.

6. Ricardo _____ dos gatos, _____.

7. Damián _____ unos tenis, _____.

☼ **4)** *¿Qué tiene mi familia?* → Mi hermano ___tiene una bicicleta nueva___.

un coche   una computadora   un perro   un equipo de música

dos gatos   un radio   unos patines   una moto   una bicicleta

* *Escoge libremente para escribir* (위에서 자유롭게 선택하여 작문하세요.)

    1. Mi hermano/a _____.

    2. Mi primo _____.

    3. Mi tía _____.

    4. Mi mamá _____.

    5. Mi papá _____.

    6. Mi novio/a_____.

    7. Mi amigo _____.

    8. Mi amiga _____.

    9. Mi profesor/a _____.

    10. Mi compañero/a_____.

♪ *¡Vamos a cantar!* ♫♫ - *CANCIÓN 3* -
Sin Bandera es el nombre de dos amigos, uno de México y otro de Argentina, juntos cantan
Entra en mi vida. Escuchemos la CANCIÓN 3, está al final de tu libro. *Puedes encontrar la canción en http://kr.youtube.com/

§ Lección 7. Tengo 20 años

§ TEMA 7. Los números y la edad

☼ **1)** *Dos compañeros leen el diálogo*

A: ¿Cuántos son en la familia Mendoza?

B: Son catorce (14) personas.

A: ¿Cuántos nietos son?

B: Son siete (7) nietos.

A: ¡Qué familia tan grande!

B: Los abuelos nacieron en
   1936 y en 1940.

A: ¿En verdad?

B: Sí, y cuatro (4) nietos nacieron
   en este milenio.

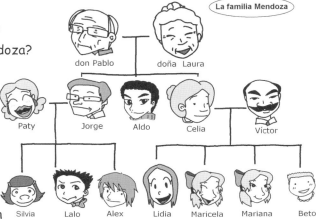

La familia Mendoza

don Pablo   doña Laura

Paty   Jorge   Aldo   Celia   Víctor

Silvia   Lalo   Alex   Lidia   Maricela   Mariana   Beto

---

*1936 -mil novecientos treinta y seis
*1940 -mil novecientos cuarenta

¿Cuántos años tiene usted? (con RESPETO) -연세가 어
떻게 되시나요? (예의 바르게)

¿Cuántos años tienes? -몇 살이니? (친구들 사이에서)

¿Cuándo nació usted? -언제 태어나셨나요? (예의 바르게)

¿Cuándo naciste? -언제 태어났니? (친구들 사이에서)

- Nací en 1989 (mil novecientos ochenta y nueve)

nacer (태어나다)	
(yo)	**nací**
(tú)	**naciste**
(él/ella)	**nació**
(nosotros)	**nacimos**
(ellos)	**nacieron**

*Lo usamos en pasado (생년월일에 대한
대답으로는 과거형만 사용합니다.)

☼ **2)** *¿Cuántos son?*

la abuela

A: ¿Cuántos nietos tiene la abuela?

B: Tiene _____ (18) nietos.

A: ¿Cuándo nació la abuela?

B: Tiene _____ (70) años.
   Nació en 19__.

A: ¡Qué familia tan grande!

B: En América Latina, las familias
   son grandes.

A: ¿Cuántos hermanos tiene
   la abuela?

B: Es la menor de _____
   (14) hermanos.

☼ **3)** *¿Conoces a alguna familia grande? Pregunta a tus compañeros*

(대가족이 있는 친구를 아시나요? 반 친구들에게 물어보세요.)

A: ¿Conoces a alguna familia grande?

B: Sí, conozco a una familia que tiene _____ hijos. En total, son_____ personas.

A: ¿Quiénes son?

B: Son la familia de mi tío.

1. Mi compañero(a) _____ conoce a una familia de _____ personas.

2. Mi compañero(a) _____ conoce a una familia de _____ personas.

3. Mi compañero(a) _____ conoce a una familia de _____ personas.

☺ **Palabras de ayuda**

...	10 diez	100 cien	milenio 천년의
5 cinco	20 veinte	200 doscientos	1000 mil
11 once	30 treinta	300 trescientos	2000 dos mil
12 doce	40 cuarenta	400 cuatrocientos	
13 trece	50 cincuenta	500 quinientos	* 15 de agosto de
14 catorce	60 sesenta	600 seiscientos	1945 (mil____
15 quince	70 setenta	700 setecientos	
16 dieciséis	80 ochenta	800 ochocientos	_____ y
...	90 noventa	900 novecientos	cinco)

☼ **4)** *¿Cuándo naciste? Primero escribe y luego pregunta a tus compañeros*

- Nací en 19_____, (mil_____).

- En Corea, tengo _____ años.

---

* *Todos, de pie, preguntan a varios compañeros* (모두들 일어서서 여러 친구들에게 다음을 물어봅니다.)

La frase de hoy

¿Cuándo naciste?

- Nací en 1991 (mil novecientos noventa y uno)

¿Cuántos años tienes en Corea?

- Tengo __ años en Corea.

Escribe con letra los números (숫자를 알파벳으로 써 보세요.)

1. Mi compañero/a nació en 19_____ (_____).

2. Mi compañero/a nació en 19_____ (_____).

3. Mi compañero/a nació en 19_____ (_____).

4. Mi compañero/a nació en 19_____ (_____).

☼ **5)** *¿Cuántos? ¿Cuándo? Escribe con letra los números*

Edificio "Roma"   Oficinas

Foto: Ropa antigua de Corea

1.¿Cuántos apartamentos hay en el edificio? Hay_____apartamentos.

2.¿Qué número tiene tu oficina? Mi oficina es la _____.

3.La ropa antigua de Corea es de_____.

4.¿Cuántas personas hay en la foto? Hay más o menos (aproximadamente) (550) _____ personas.

5.¿Cuántos años tiene tu mejor amigo/a? Tiene _____años.

6.¿Cuándo nació tu papá? Nació en _____.

7.¿Cuándo nació tu mamá? Nació en _____.

8.¿Cuántos años tiene tu profesor/a de español? Tiene _____años.

♪ *¡Vamos a cantar!* ♫♫ *- CANCIÓN 4 -*
Alejandro Fernández tiene la canción **Canta corazón**. Es una canción muy bonita y alegre. Alejandro Fernández vive en México. Escuchemos la CANCIÓN 4, está al final de tu libro.
*Puedes encontrar la canción en http://kr.youtube.com

§ Lección 8. Vivo en Seúl

§ TEMA 8. La ubicación de la casa, muebles y enseres básicos

☼ **1)** *Dos compañeros leen el diálogo*

    A: ¿Dónde vives?

    B: Vivo en Seúl.

    A: ¿Vives **cerca** o **lejos** de la universidad?

    B: Vivo cerca de la universidad, en el edificio "Roma".

    A: Yo vivo lejos de la universidad. Vivo en Suwon.

Edificio "Roma"

☼ **2)** *Pregunta a tus compañeros. ¿Vives cerca o lejos de la universidad?*

(너는 학교에서 가까운 데 사니 아니면 먼곳에 사니?)

    A: ¿Vives cerca o lejos de la universidad?

    B: Vivo cerca de la universidad. Vivo en Nakseongdae, a 10 minutos.

    C: Vivo lejos de la universidad. Vivo en Suwon, a 2 horas en metro.

☺ **Palabras de ayuda**

cerca -가까운	dormitorio -기숙사	**vivir** 살다
lejos -멀리	apartamento -아파트	
en autobús -버스로	hora(s) -시간	(yo) **vivo** (nosotros/as) **vivimos**
en metro -지하철로	minuto(s) -분	(tú) **vives** (ustedes) **viven**
caminando -걷는 중	segundo(s) -초	(él/ella) **vive** (ellos/as) **viven**
* a 10 minutos en autobús -버스로 10분 거리에.		

☼ **3)** *¿Qué hay donde vives?*

(네가 사는 곳에는 무엇이 있니?)

En mi habitación hay muchas cosas:
un **tapete**, un **estante** para los **libros**,
una **cama** y una **almohada**,
una **manta** grande y una pequeña,
un **escritorio** con mi **computadora**
y una **lámpara**, mi **cuaderno**, mis
lápices y mis **plumas** (**bolígrafos**).
Hay una pequeña **ventana**, también.

* *Todos, de pie, preguntan a varios compañeros* (모두들 일어서서 여러 친구들에게 다음을 물어봅니다.)

La frase de hoy

¿Qué hay en tu casa? (4 cosas)

En mi casa hay una cama,   un espejo,

un radio   y una televisión.

☼ **4)** *Conversando con el profesor* (선생님과 대화를 하면서.)

PROFESOR: ¿Qué **no** hay en tu casa? (너네 집에 없는 게 뭐니?)

A: En la casa de mi compañero__Saúl__ hay ___un radio___, pero en mi casa no hay.

B: En la casa de mi compañero/a_____ hay _____, pero en mi casa no hay.

C: En la casa de mi compañero/a_____ hay _____, pero en mi casa no hay.

☼ **5)** *¿Qué hay en la cocina?* (부엌에는 뭐가 있니?)

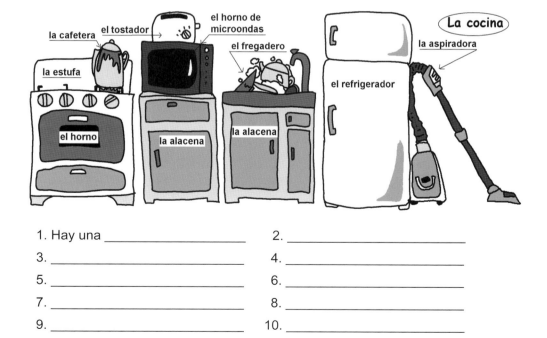

1. Hay una _____   2. _____

3. _____   4. _____

5. _____   6. _____

7. _____   8. _____

9. _____   10. _____

* Hay ~~la~~ estufa → Hay <u>una</u> estufa   // * Hay ~~el~~ horno → Hay <u>un</u> horno

☺ **Palabras de ayuda**

En la cocina 부엌에는	**En la habitación** 방에는	**En el baño** 욕실에는
alacena -찬장	**cómoda** -서랍장	**lavabo** -세면대
refrigerador -냉장고	escritorio -책상	ducha -샤워기
fregadero -싱크대	cama -침대	tina, bañera -욕조
estufa -난로	manta -침대보	W.C.
horno de microondas -전자레인지	estante, librero -책장	jabón -비누

alacena   **cómoda**   **lavabo**

☼ **6)** *Conversando con el profesor*

PROFESOR: ¿Qué **no hay** en tu casa?

A: En mi casa **no hay** _____   C: En mi casa **no hay** _____

B: En mi casa **no hay** _____   D: En mi casa **no hay** _____

☼ **7)** *Busca las diferencias* (두 그림의 차이점을 찾아 보세요.) *Puede organizarse como juego en equipos.* *Respuestas al final del libro

*Al final del libro, está una hoja igual a ésta para el juego, en "**Material para recortar**"*

1. En A hay _____ y en B no hay.

2. En A hay _____ y en B no hay.

3. En A hay _____ y en B no hay.

4. En A hay _____ y en B no hay.

5. En B hay _____ y en A no hay.

6. En B hay _____ y en A no hay.

7. En B hay _____ y en A no hay.

*Puedes usar números

8. En A hay _____ y en B hay _____.

9. En A hay _____ y en B hay _____.

10. En A hay _____ y en B hay _____.

☺ **Palabras de ayuda**

la almohada -베개	el cuadro -그림	la lámpara -등
la pluma (el bolígrafo) –볼펜	el lápiz -연필	el reloj -시계
el tapete -(작은) 카페트	el cuaderno -공책	el insecto -곤충
el muñeco(a) -인형	la ventana -창문	

☼ **8)** *Escribe y completa "Yo vivo en..."*

1) Yo vivo _____ (cerca, lejos) de la universidad. 2) Vivo en _____.

3) Por eso, voy a la universidad _____ (caminando, en metro, en autobús)

4) En mi casa hay un _____, una _____ y un_____.

5) Donde yo vivo no hay _____ ni _____.

6) Yo vivo _____ (solo/a, con mi familia, con un/a amigo/a).

♪ *¡Vamos a cantar!* ♫♫ - *CANCIÓN 5* -
Ricky Martin es de Puerto Rico y es muy famoso en todo el mundo. Escuchemos su canción
No importa la distancia. Es la CANCIÓN 5, al final de tu libro. *Puedes encontrar la
canción en http://kr.youtube.com/

☼ **1)** *Dos compañeros leen el diálogo*

A: ¿Qué es eso?

B: Es una pluma original

A: ¿Para qué sirve?

B: Sirve para escribir mi nombre en mi pintura.

A: En mi casa no hay plumas originales. Solamente uso bolígrafos normales.

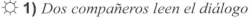

☺ **Palabras de ayuda**

¿Qué es eso? -그것은 무엇인가요?		¿Para qué sirve/n? -무엇에 쓰이나요?

*La toalla sirve para secarse -수건은 닦는 데 사용됩니다.

abrir -열다	dormir -잠자다	limpiar -깨끗이
bañar(se) -목욕하다	escribir -쓰다	oír -듣다
borrar -지우다	guardar -보관하다	poner -놓다
cerrar -닫다	hacer -하다	secar(se) -건조시키다
cortar -자르다	lavar(se) -씻다	sentar(se) -앉다
cubrir -덮다	leer -읽다	ver -보다

| tiempo/clima -날씨 | frío -추위 | calor -더위 | lluvia -비 | agua -물 | jabón -비누 |

☼ **2)** *En equipo, encierra la respuesta correcta* (정답을 선택해서 동그라미를 쳐 주세요.)

*Respuestas al final del libro

Para revisar el avance del equipo, el profesor escribe el número de aciertos y va sumando los puntos

1. Sirve para poner la cabeza en la cama

| ALMOHADA | MANTA | ESCRITORIO |

2. **Sirven** para hacer la comida

| ESTUFA | LÁMPARA | HORNO DE MICROONDAS |

3. Sirve para bañarse y para lavarse las manos

    ESTANTE   TAPETE   JABÓN

4. Sirve para lavarse los dientes

    LÁMPARA   CEPILLO DE DIENTES   TOALLA

5. Sirve para secarse

    TOALLA   AGUA   JABÓN

6. Sirve para ver su pelo, sus ojos, su boca

    ESTANTE   ESPEJO   ESCRITORIO

7. Sirve para ver y leer de noche

    VENTANA   LÁMPARA   CEPILLO DE DIENTES

8. Sirve para guardar la ropa

    CÓMODA   ALACENA   DUCHA

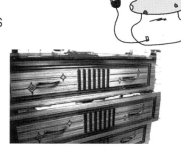

9. Sirve para hacer café

    TETERA   CAFETERA   JABÓN

10. Sirve para limpiar la casa, para secar en la cocina

    REFRIGERADOR   TRAPO   CÓMODA

11. Sirve para poner los libros

    ESTANTE   ESTUFA   HORNO

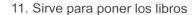

12. **Sirven** para el tiempo de calor

VENTILADOR ESTUFA AIRE ACONDICIONADO

13. Sirve para hacer pan tostado

FREGADERO TETERA TOSTADOR

14. Sirve para cubrir la cama

ALMOHADA MANTA LÁMPARA

15. Sirve para dormir

CÓMODA CAMA COMPUTADORA

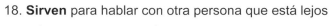

16. **Sirven** para cubrir las ventanas

CORTINAS AGUA PERSIANAS

17. Sirve para limpiar la casa

DUCHA ASPIRADORA FREGADERO

18. **Sirven** para hablar con otra persona que está lejos

MÓVIL TELEVISIÓN CELULAR

19. Sirve para lavar los platos sucios

LAVABO FREGADERO COCINA

20. Sirve para guardar la comida en el frío

ESTUFA REFRIGERADOR HORNO

21. **Sirven** para sentarse

SILLÓN   BAÑO   SILLA

22. Sirve para hacer la tarea

CAMA   ESCRITORIO   REFRIGERADOR

23. Sirve para la lluvia

MANTA   BAÑO   PARAGUAS

24. Sirve para el tiempo de frío

CALENTADOR   HORNO DE MICROONDAS   JABÓN

25. **Sirven** para escribir

PLUMA   LÁPIZ   MICRÓFONO

26. Sirve para borrar

ESTANTE   BORRADOR   PLUMA

27. **Sirven** para guardar las cosas para ir a la universidad

MOCHILA   RELOJ   PORTAFOLIOS

28. **Sirven** para oír música

CAMA   RADIO   AUDÍFONOS

29. Sirve para secarse el pelo

ESPEJO   TELEVISIÓN   SECADOR DE PELO

30. **Sirven** para cortar

CUCHILLO   TIJERAS   MOCHILA

31. Sirve para ver y oír noticias, telenovelas, comedias, etcétera

RADIO   TELEVISIÓN   ESTANTE

32. **Sirven** para cubrir el piso

TAPETE   BAÑO   ALFOMBRA

33. Sirve para abrir y cerrar la puerta

ESPEJO   TOALLA   LLAVE

☺ **Palabras de ayuda**

~ sirve - ~에 사용되다   ~ no sirve - ~에 사용되지 않다   hay -있다(존재, 3인칭 단수형만 가능)

☼ **3)** *¿Qué es? Escribe el número de las cosas* *Respuestas al final del libro

1. el armario	4. la silla	7. el tapete	10. la almohada	13. la lámpara
2. el sillón	5. la manta	8. la lámpara	11. el cuadro	14. la mesa
3. la puerta	6. el espejo	9. el estante	12. la cama	15. la cómoda

Todos, de pie, preguntan a varios compañeros (모두들 일어서서 여러 친구들에게 다음을 물어봅니다.)

La frase de hoy

¿Cuántas televisiones hay donde vives?

Hay 2 televisiones. / No hay televisión.
/ No tengo televisión donde vivo.

☼ **4)** *¡Encuentra rápidamente! El profesor pide cosas usando la lista del ejercicio 2. En equipos, buscar entre las cosas que haya en el salón. ¡Hay que encontrarlo primero!* (그룹별로 교실에 있는 물건들을 찾아보세요. 먼저 찾는 사람이 이깁니다!)

Los alumnos llevan a la clase objetos, dibujos y fotos para este juego, de tarea (학생들은 이 게임을 위하여 과제로 미리 알려준 물건들, 그림, 사진들을 강의실에 가져와야 합니다.)

1. Sirve para oír música→
2. Sirve para dormir →
3. Sirve para secarse →

☼ **5)** *En **mi** salón hay... Escoge las cosas que hay en **tu** salón*

(교실에 있는 것을 선택해서 아래 빈칸을 채우세요.)

cama	escritorio	manta	pupitre	micrófono	lápices	borrador
pizarra	luces	ventilador	cortinas	persianas	toalla	mochila
aire acondicionado		proyector	ventana	estufa	puerta	computadora

micrófono   pizarra   pupitre   proyector   pantalla

En **mi** salón hay...

1. _____   4. _____   7. _____

2. _____   5. _____   8. _____

3. _____   6. _____   9. _____

§ Lección 10. Ir de compras

§ TEMA 10. Diálogo básico para comprar

☼ **1)** *Dos compañeros leen el diálogo* *Están en un almacén* (백화점)

A: ¿Le puedo ayudar? ¿Qué desea?

B: Quiero una mochila moderna y de buena calidad.

A: Le recomiendo esta mochila. Es muy cómoda y tiene muchas bolsas (주머니)

B: Mmm... Sí, me gusta... ¿Cuánto cuesta?

A: Cuesta solamente 30.000 (treinta mil) wones.

B: ¡Es muy cara! Un descuento, por favor.

A: Podemos rebajar a veinticinco mil (25.000).

B: Me parece bien. Me llevo la mochila. Aquí tiene veinticinco mil wones.

A: Gracias por su compra.

☺ **Palabras de ayuda**

almacén -백화점	¡Es muy cara! -너무 비싸요!
tienda -가게	¡Es muy barata! -너무 싸요!
mercado -시장	Aquí tiene -여기 있어요.
¿Cuánto cuesta? -얼마에요?.	Un descuento - 할인
Me llevo la/el... -나는 ~을 가지고 간다	Podemos rebajar a... ~로 할인할 수 있어요.

☼ **2)** *Otro diálogo ¿Cuánto cuesta la fruta* (과일)?

A: ¿Cuánto cuestan las manzanas (사과)?

B: Una manzana cuesta 3 mil wones.

A: ¡Es muy cara!

B: Bueno, 2 mil 500 (quinientos) wones.

A: Está bien. Me llevo 5 manzanas.

B: Aquí tiene. Son 12 mil 500 wones. Gracias por su compra.

C: ¿Cuánto cuesta la sandía (수박)?

B: Una sandía cuesta 23,500 wones.

A: ¡Es muy cara!

B: Bueno, 20 mil 500 (quinientos) wones.

A: Está bien. Me llevo una (sandía).

querer 원하다, 사랑하다		
(yo) **quiero**	(nosotros/as)	**queremos**
(tú) **quieres**	(ustedes)	**quieren**
(usted, él / ella) **quiere**	(ellos/as)	**quieren**

☼ **3)** *¡Vamos de compras! La mitad del grupo vende cosas y los demás, las compran*
Todos llevan cosas para vender, de tarea

> A: ¡Pase, pase señor, señorita! ¡Aquí se vende barato!
>
> ¡Pase, pase!
>
> 아저씨, 아가씨 (이리로) 오세요! 여기서 싸게 팝니다. 오세요, 오세요!

B: Quiero una silla, ¿cuánto cuesta?
A: 47 mil wones.
B: ¡Es muy cara! Un descuento, por favor.
A: Está bien, podemos rebajar a 40 mil.
B: 35 mil, ¿si?
A: Mmmm, 38 mil.
B: Está bien. Aquí están, 38 mil wones. Gracias.
A: Gracias por tu compra.

☼ **4)** *¿Qué tienes? Escribe y habla con tu compañero/a de las cosas que tienes ahora,*
después de ir de compras (무엇을 가지고 있나요? 아래 빈칸을 채우고, 쇼핑한 후에 가지고 있는 물건
에 대해서 반 친구들과 이야기해 보세요.)
A: ¿Qué tienes?
B: Tengo unos   audífonos   de   cuarenta y cinco mil doscientos   wones.

unos audífonos de   un reloj de _____   una lámpara de _____

_____   _____   _____

_____ wones.   _____ wones.   _____ wones.

un gato de _____

_____

_____ wones.

una alcancía de _____

_____

_____ wones.

un libro de _____

_____

_____ wones.

A: Tengo también esta obra de cerámica (도자기 작품).

B: ¿Cuánto cuesta?

A: _____ wones.

B: ¡Es muy cara!

A: Sí, pero el artista es muy famoso y es una obra de arte.

₩500,000

* _Todos, de pie, preguntan a varios compañeros_ (모두들 일어서서 여러 친구들에게 다음을 물어봅니다.)

La frase de hoy

¿Te gusta ir de compras?

- Sí, me gusta mucho ir de compras. / No, no me gusta ir de compras.

¿Haces compras por Internet?

- Sí, compro muchas cosas por Internet. / No, no compro por Internet.

☼ **5)** _¿Qué (cosas) compras?_

en el mercado	en el almacén	por Internet
1.	1.	1.
2.	2.	2.
3.	3.	3.

♪ _¡Vamos a cantar!_ ♫♫ - _CANCIÓN 6_ -

Laura Pausini es italiana, pero canta en español también. Escuchemos su canción **_Quiero decirte que te amo._** Es la CANCIÓN 6, al final de tu libro. *Puedes encontrar la canción en http://kr.youtube.com/

§ Lección 11. Un amigo mexicano

§ TEMA 11. Países y principales nacionalidades e idiomas

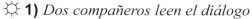

☼ **1)** *Dos compañeros leen el diálogo*

A: Él es mi amigo Miguel.

B: ¿De dónde es?

A: Es mexicano.

B: ¿Habla coreano?

A: No, no habla coreano. Habla español.

B: Entonces, ¿en qué idioma hablan ustedes?

A: Hablamos en español.

hablar 말하다			
(yo)	**hablo**	(nosotros/as)	**hablamos**
(tú)	**hablas**	(ustedes)	**hablan**
(usted, él / ella)	**habla**	(ellos/as)	**hablan**

☼ **2)** *Junto con tu compañero, completa el cuadro siguiente. ¡Busca rápidamente las respuestas!* (자신의 짝과 함께 아래의 빈칸을 채우세요. 답을 빨리 찾아보세요!)

* En las páginas siguientes, están las respuestas

PRIMERA PARTE

	un/a...	es de...	y habla en...
1.	ruso/a		ruso
2.		Colombia	español
3.	inglés/a	Inglaterra	
4.		Corea del Sur	
5.	australiano/a		
6.		Chile	español
7.		Perú	español
8.	argentino/a		

9.	español/a		español
10.		Japón	
11.	alemán/a		alemán
12.		Francia	
13.	italiano/a		
14.		China	chino

☼ **3)** *Los famosos de todo el mundo. Escribe su nacionalidad y su idioma*

(전 세계에서 유명한 사람들, 그들의 국적과 언어를 써 보세요.)

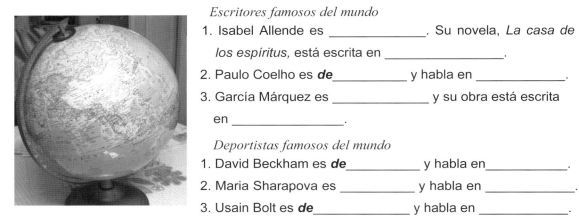

Escritores famosos del mundo

1. Isabel Allende es _____. Su novela, *La casa de los espíritus,* está escrita en _____.

2. Paulo Coelho es **de**_____ y habla en _____.

3. García Márquez es _____ y su obra está escrita en _____.

Deportistas famosos del mundo

1. David Beckham es **de**_____ y habla en_____.

2. Maria Sharapova es _____ y habla en _____.

3. Usain Bolt es **de**_____ y habla en _____.

☺ **Palabras de ayuda**

Isabel Allende es de Chile	García Márquez es de Colombia	David Beckham es inglés
Paulo Coelho es brasileño	Usain Bolt es jamaiquino	María Sharapova es de Rusia

¿Cómo se escribe...? ~를 어떻게 쓰나요?   nacionalidad -국적   idioma -언어

¿Cómo se dice...? ~를 어떻게 말하나요?   país -나라   ciudad -도시

☼ **4)** *Junto con tu compañero, completa el cuadro siguiente*

SEGUNDA PARTE

	un/a...	es de...	y habla en...
1.		Corea del Norte	coreano
2.	griego/a	Grecia	
3.	hindú		
4.		Vietnam	vietnamita
5.		Tailandia	
6.			mongol
7.	paraguayo/a	Paraguay	español y _____
8.		México	
9.		Estados Unidos	inglés
10.		Canadá	_____ y_____
11.	puertorriqueño/a		inglés y _____
12.	brasileño/a	Brasil	

☼ **5)** *¡De todo el mundo! Busca aquí las respuestas de los ejercicios de la PRIMERA PARTE y de la SEGUNDA PARTE*

UN/A	ES DE...	Y HABLA EN...	UN/A	ES DE...	Y HABLA EN...
alemán/a	Alemania	alemán	griego/a	Grecia	griego
argentino/a	Argentina	español	hindú	India	hindi
australiano/a	Australia	inglés	inglés/a	Inglaterra	inglés
brasileño/a	Brasil	portugués	italiano/a	Italia	italiano
canadiense	Canadá	inglés y francés	jamaiquino/a	Jamaica	inglés
chileno/a	Chile	español	japonés/a	Japón	japonés
chino/a	China	chino	mexicano/a	México	español
colombiano/a	Colombia	español	mongol/a	Mongolia	mongol
norcoreano/a	Corea del Norte	coreano	paraguayo/a	Paraguay	español y guaraní
surcoreano/a	Corea del Sur	coreano	peruano/a	Perú	español
egipcio/a	Egipto	árabe	puertorriqueño/a	Puerto Rico	espanol e inglés
español/a	España	español	ruso/a	Rusia	ruso
estadounidense	Estados Unidos	inglés	tailandés/a	Tailandia	tailandés
francés/a	Francia	francés	vietnamita	Vietnam	vietnamita

Todos de pie, preguntan a varios compañeros (모두들 일어서서 여러 친구들에게 다음을 물어봅니다.)

La frase de hoy

¿Tienes amigos extranjeros?, ¿de dónde son?

Tengo un amigo japonés y una amiga rusa.

☼ **6)** *Pregunta a dos o tres compañeros*

A: ¿En qué idiomas hablas con tus amigos extranjeros?

B: Con mi amigo ___ruso___ hablamos en ___coreano___ y en ___ruso___ .

☺ **Palabras de ayuda**

hablo *un poco de* japonés	hablo *muy bien* español	*no* hablo *nada de* árabe
hablamos *un poco en* japonés	hablamos *muy bien en* español	

☼ **7)** *Todos de pie, preguntan a varios compañeros*

A: ¿Cuántos idiomas hablas?

B: Hablo 3 idiomas: coreano, inglés y un poco de español.

PROFESOR: ¿Cuántos idiomas hablan tus compañeros?

ALUMNO/A: Mi compañera ___Carmen___ habla ___3___ idiomas.

A: Mi compañera _____ habla _____ idiomas.

B: Mi compañero _____ habla _____ idiomas.

C: Mi compañera _____ habla _____ idiomas.

D: Mi compañero _____ habla _____ idiomas.

☼ **8)** *Mis amigos extranjeros ¿cuántos idiomas hablan?* (몇 개의 언어를 할 줄 아세요?)

annyeong	coreano
ni hao	chino
marhaba	árabe
tikanete	griego
ciao	italiano

1. Mi amigo David es ___egipcio___ y habla _____, _____ y _____

2. Pepe y Ana son _____. 3. Pepe habla _____, _____,

_____, 4. y Ana habla _____, _____ y _____.

5. Mi amiga Karen es muy inteligente, es _____ 6. y habla 7 idiomas: _____,

_____, _____, _____, _____, _____ y _____.

☼ **9)** *Escribe* B *(bien) si todo está bien, o* M *(mal) si hay un error* (올바른 표현에는 B를, 잘못된 표현에는 M을 기입하세요.)

1. (M) Un niñо de Chile es un niñо chilena. ← chileno

2. (　　) Una chica de Japón es japonesa.

3. (　　) Una canción de Cuba es una canción cubana.

4. (　　) Un muchacho mexicana es un muchacho de México.

5. (　　) Un señor canadiense es de Canadá.

6. (　　) Una niña español es una niña de España.

§ Lección 12. Los pasatiempos

§ TEMA 12. Actividades de descanso y pasatiempos

☼ **1)** *Tres compañeros leen el diálogo*

A: A mi prima le gusta dibujar letras chinas.
Pero a mí no me gusta dibujar.

B: ¿Qué te gusta hacer?

A: A mí me gusta ir a la discoteca.

B: Pues, a mí no me gusta bailar. Me gusta
leer libros de historietas.

A: Hola, Héctor, ¿te gusta bailar?

C: No, no me gusta. ¿Por qué?

A: A mí me gusta ir a la discoteca, pero no me
gusta ir sola.

B: ¿Les gusta ir al cine?

A y C: ¡Sí!

C: Pero tengo tarea y me gusta dormir temprano.

☺ **Palabras de ayuda**

leer libros -책을 읽다	libros de historietas -만화책
leer un libro -(하나의) 책을 읽다	bailar -춤추다
→hacer la tarea -숙제를 하다	dibujar letras chinas -서예를 하다(한자를 쓰다)

Gustar se usa para decir lo que nos agrada y lo que nos desagrada.
Gustar 동사는 마음에 드는 것과 마음에 들지 않는 것을 말할 때 사용합니다.
*Me gusta bailar / **No** me gusta bailar.*
Necesita los pronombres para conjugarse
동사변형을 하기 위해서 인칭대명사를 사용합니다.

me - te - le - nos - les

PRONOMBRE 대명사	**+ gusta** (불변) **+** ...AR, ER, IR 동사 원형		
(A mí) me ***gusta*** dibujar	(A nosotros)	nos ***gusta*** jugar
(A ti) te ***gusta*** leer	(A ustedes)	les ***gusta*** comer
(A él- A ella) le ***gusta*** bailar	(A ellos)	les ***gusta*** ir al cine

☼ **2)** *¿Qué les gusta hacer? Escribe el nombre de los chicos*

A | Gisela | le gusta escuchar música.

A | Lorena | le gusta correr en la playa.

A | Enrique | le gusta ver caricaturas en la televisión.

A | Sergio | le gusta jugar (al) futbol.

A | Jorge | le gusta leer libros de historietas.

A | Fernando | le gusta tocar (la) guitarra.

☺ **Palabras de ayuda**

ver una telenovela -(하나의) 드라마를 보다   correr en la playa -해변에서 달리다
ver telenovelas -드라마를 보다   tocar (la) guitarra -기타를 치다
ver caricaturas en la TV -TV에서 만화영화를 보다   hacer ejercicio -운동을 하다

☼ **3)** *Pregunta a tus compañeros*

A mí me gusta ..., ¿y a ti? / A mí no me gusta..., ¿y a ti?

MODELO 1

A: A mí me gusta ___ver comedias___, ¿y a ti?

B: A mí también me gusta ver comedias.

C: A mí no. A mí me gusta _____.

MODELO 2

A: A mí **no** me gusta ___ir al cine___, ¿y a ti?

B: A mí tampoco.

C: A mí sí me gusta ir al cine.

De pie, todos preguntan a los compañeros

¿Cuáles son tus pasatiempos?

- ¿Mis pasatiempos?

(A mí) me gusta bailar, tocar (el) piano y ver telenovelas.

¿Y cuál es tu pasatiempo favorito?

- Mi pasatiempo favorito es tocar (el) piano.

---

* A mi compañero/a _____ le gusta _____ y _____,

y su pasatiempo favorito es _____.

☺ **Palabras de ayuda**

pasatiempo -여가시간

arreglar las plantas -식물을 가꾸다   pasear por el parque -공원을 산책하다
arreglar el jardín -정원을 가꾸다   pasear por el centro -시내 중심가를 산책하다
ir a una fiesta -파티를 가다   ir al cine -영화관을 가다
hacer Internet -인터넷을 하다   ir de compras -쇼핑을 가다
sacar / tomar fotos -사진을 찍다   mandar correos electrónicos -이메일을 보내다

☼ **4)** *¿Te gusta cantar o prefieres bailar?*

/ Me gusta cantar y **también** bailar.

/ Me gusta cantar pero no me gusta bailar.

/ No me gusta cantar ni bailar.

/ Prefiero cantar.

A: ¿Te gusta jugar o prefieres leer?

B: _____

A: ¿Te gusta pasear o prefieres ver la televisión?

C: _____

A: ¿Te gusta arreglar las plantas o prefieres pasear por el parque?

D: _____

preferir 선호하다			
(yo)	**prefiero**	(nosotros/as)	**preferimos**
(tú)	**prefieres**	(ustedes)	**prefieren**
(usted, él / ella)	**prefiere**	(ellos/as)	**prefieren**

☼ **5)** *Presentación en clase: "Mis pasatiempos favoritos". Cada alumno prepara **fotos** y presenta sus pasatiempos frente al grupo, en 3 o 4 minutos*

Por ejemplo:

-Les voy a hablar de mis pasatiempos favoritos.
-El lunes y el jueves por la mañana voy a nadar a Posco. Me gusta nadar porque me siento bien.
-Todas las noches hago Internet.
-El sábado voy a jugar tenis con mis amigas. Después, vamos a cenar a un restaurante.
-Los domingos voy al cine con mis amigos. También, me gusta cocinar y los domingos
 por la noche preparo la cena.

hacer 하다			
(yo)	**hago**	(nosotros/as)	**hacemos**
(tú)	**haces**	(ustedes)	**hacen**
(usted, él / ella)	**hace**	(ellos/as)	**hacen**

♪ *¡Vamos a cantar!* ♫♫ - *CANCIÓN 7* -
El grupo OV7, es "Onda Vaselina" y son 7 amigos mexicanos. Escuchemos su canción **Vuela más alto.** Es la CANCIÓN 7, está al final de tu libro. *Puedes encontrar la canción en http://kr.youtube.com/

§ Lección 13. Mis deportes favoritos

§ TEMA 13. Los deportes más populares, definición y vocabulario práctico

☼ **1)** *Dos compañeros leen el diálogo*

A: A mi hermana le gusta jugar bádminton.

B: A mí también, ¿y a ti?

A: A mi hermano y a mí nos gusta practicar tiro con arco.

B: ¡En verdad! ¡Qué interesante!

A: También juego basquetbol y tenis.

B: ¡Eres muy deportista!

A: Sí, me gusta practicar cualquier deporte.

B: A mí, no. Solamente juego bádminton y futbol.

☼ **2)** *Escribe junto con tu equipo. ¡Hay que buscar muy bien!* (잘 찾아야 합니다!)
Instrucciones:

  A. *Escoge un **lugar***

    a) El **ciclismo** se practica en la ___pista___. (pista, cancha o gimnasio)

    b) El **futbol** se juega en la ___cancha___. (pista, cancha o gimnasio)

    c) El **kendo** se practica en el ___gimnasio___. (pista, cancha o gimnasio)

  B. *¿Cómo se llama?*

    a) El que juega **basquetbol** se llama ___basquetbolista___.

    b) El que practica **equitación** se llama ___jinete___.

  C. *Deportistas **famosos/as***

    a) Un **atleta** famoso es ___Usain Bolt___, en Pekín 2008.

    b) Un **jugador de bádminton** famoso es ___이용대___, en Pekín 2008.

☺ **Palabras de ayuda**

la pista -트랙	la cancha -운동장	el gimnasio -체육관, 도장

1. En el **atletismo** hay que correr en la __pista__. El que practica atletismo se llama _____.

   Un atleta famoso es _____.

2. En el **bádminton** hay que jugar con raquetas ligeras, es como el tenis.

   Se juega en la __cancha__. Un jugador de bádminton famoso es _____.

3. En el **baloncesto** o **basquetbol** hay que hacer una canasta. Se juega en la __c_____.

   El que juega basquetbol se llama _____.

   ☺

raqueta -라켓   canasta -농구 골대 (*그물망 부분)   batear -배트를 치다   guantes -장갑

4. En el **béisbol** hay que batear. Se juega en el estadio de béisbol. Se llama _____.

   Un beisbolista famoso es _____.

5. En el **boxeo** hay que golpear con guantes. Se practica en el _____. El que

   practica boxeo se llama _____.

6. En el **buceo** hay que nadar debajo del agua. Se llama _____.

7. En el **ciclismo** hay que correr en bicicleta. Se llama _____.

8. En la **equitación** hay que montar a caballo. Se llama _____.

   ☺

montar a caballo -승마하다   esquiador -스키 타는 사람   músculos -근육
meter un gol -골을 넣다   ciclista -자전거 타는 사람   pesista -역기 드는 사람
buzo -스쿠버다이버   nieve -눈   boxeador -권투하는 사람

9. En el **esquí** hay que esquiar. Se practica en la __n_____ y también en el __agua__.

   El que practica esquí se llama _____.

10. En el **fisiculturismo** hay que hacer músculos. Se practica en el _____. El que

    practica se llama _____.

11. En el **futbol** o **fútbol** hay que meter un gol. Se juega en la __c_____. El que practica

    futbol se llama _____. Un futbolista famoso es _____.

12. En el **kendo** hay que pelear con espada de bambú. Se practica en el _____.

13. En el **levantamiento de pesas** hay que levantar pesas. Se practica en el _____.

    Se llama _____. Una pesista famosa es _____, en Pekín 2008.

☺

espada de bambú -죽도	pesas -역기, 아령	nadar -수영하다	tirador -사격수
patinar -스케이트를 타다	pelota -공	fisiculturista -보디빌더	piscina -수영장

14. En la **natación** hay que nadar. Se practica en la _____. Se llama _____.

15. En el **patinaje** hay que patinar. Se practica en la ___p_____. Se
llama _____. Una patinadora coreana muy famosa es _____.

16. En el **tiro deportivo** hay que tirar con un rifle o una pistola. Se practica en la ___pista___.
El que practica tiro se llama _____.

17. En el **tiro con arco** hay que tirar con un arco y una flecha. Se llama _____.
Una tiradora famosa es_____.

18. En el **tenis** hay que jugar con raqueta y pelota. Se practica en la _____.
El que juega tenis se llama _____. Una tenista famosa es _____.

19. En el **tenis de mesa** o *ping-pong* hay que jugar tenis en una _____.

☺

rifle -엽총	pistola -권총	arco -활	flecha -화살	tirador -사격수(활, 권총 등)
patinador -스케이트 타는 사람	yudoca -유도하는 사람	lucha -싸움, 경기
kendoka -검도하는 사람	patear -발차기를 하다	nadador -수영하는 사람

20. En el **taekwondo** hay que patear. Se practica en el _____.

21. El **voleibol** se juega con pelota y manos. Se practica en la ___c_____.

22. El **yudo** o *judo* es un tipo de lucha oriental. Se practica en el _____. El
que practica se llama _____.

Todos de pie, preguntan a varios compañeros

La frase de hoy

Para ti, ¿cuál es el deporte favorito
de los coreanos?

Para mí, el deporte favorito de los coreanos es
el futbol / el béisbol / el taekwondo...

☼ **3)** *Primero escribe en 1, 2 y 3. Después, pregunta a tus compañeros*

먼저 1, 2와 3 문장을 채우세요.

*¿Cuál deporte te gusta practicar?

1- A mí me gusta **practicar** (el / la) _____ ¿y a ti?

2- A mí **no** me gusta practicar (el / la) _____ / **ningún** deporte, ¿y a ti?

3- A mí me gusta **ver** jugar (el / la) _____ ¿y a ti?

* A mi compañero/a _____ le gusta practicar _____.

* A mi compañero/a _____ **no** le gusta practicar _____.

* A mi compañero/a _____ le gusta ver practicar _____.

* A mi compañero/a _____ le gusta ver jugar _____.

practicar 연습하다			**jugar** 놀다, (운동을)하다		
. (yo) **practico**	.(nosotros)	**practicamos**	(yo) **juego**	(nosotros)	**jugamos**
(tú) **practicas**	(ustedes)	**practican**	(tú) **juegas**	(ustedes)	**juegan**
(él / ella) **practica**	(ellos)	**practican**	(él / ella) **juega**	(ellos)	**juegan**

☼ **4)** *¿Cuál deporte te parece...?*

1- ¿Cuál deporte te parece más **difícil** (어려운) de practicar?

– (A mí) me parece más difícil de practicar el / la _____ ¿Y a ti?

2- ¿Cuál deporte te parece más **peligroso** (위험한) de practicar?

– (A mí) me parece más peligroso/a de practicar el / la _____ ¿Y a ti?

3- ¿Cuál deporte te parece más **fácil** (쉬운) de practicar?

– (A mí) me parece más fácil de practicar el / la _____ ¿Y a ti?

4- ¿Cuál deporte te parece más **aburrido** (시시한)?

– (A mí) me parece más aburrido(a) el / la _____ ¿Y a ti?

Practicar: Se usa para *todos* los deportes.
모든 종류의 스포츠와 함께 사용함.
> *(yo) practico natación*
> *(él) practica kendo*
> *(nosotros) practicamos tenis*

Jugar: Se usa para los deportes en equipo que necesitan *pelota* o *balón*. 그룹으로 공을 가지고 하는 스포츠와 함께 사용함.
> *(ellos) juegan tenis*
> *(ella) juega basquetbol*

☼ **5)** *Pregunta a tus compañeros*

　　　　　　　　*A: Yo nunca practico boxeo **ni** equitación, ¿y tú?

　　　　　　　　*B: Yo nunca juego futbol ni practico boxeo, ¿y tú?

　　　　　　　　*C: *Yo nunca practico boxeo **ni** juego tenis, ¿y tú?

　　　　A) Yo nunca practico _____ ni _____ ¿y tú?

　　　　B) Yo nunca juego _____ ni practico _____ ¿y tú?

　　　　C) Yo nunca practico _____ ni juego _____ ¿y tú?

☺ **Palabras de ayuda**

¿A quién le gusta...? -누구를 좋아하니?	¿Qué te gusta hacer? -뭐 하는 걸 좋아하니?
A mí me gusta... -나는 ~하는 것을 좋아해.	A mí no me gusta... -나는 ~하는 것을 싫어해.
A mí también -나도 그래. (긍정적인 것에 대한 동의)	¿Y tú, qué dices? -그럼 넌, 어떻게 생각해?
A mí tampoco -나도 그래. (부정적인 것에 대한 동의)	¿Y tú? -넌?

☼ **6)** *Pasatiempos y deportes ¿Qué les gusta hacer o practicar?*

1. Me gusta _____

2. No me gusta _____

3. A mis padres y a mí nos gusta _____

4. A mis amigos y a mí nos gusta _____

5. A mi novio/a y a mí nos gusta _____

6. Los sábados por la noche me gusta _____

☺ **Palabras de ayuda**

acampar -캠프를 하다	cocinar -요리를 하다	ir a misa -미사를 (드리러) 가다
andar en moto -오토바이를 타다	comer -먹다	ir a la iglesia -교회를 가다
andar en bicicleta -자전거를 타다	escuchar -듣다	subir a la montaña -산에 오르다
andar en patineta -스케이트 보드를 타다	escuchar música -음악을 듣다	practicar -연습하다

☼ **7)** *Mi artista favorito / Mi deportista favorito*

SU FOTO   *Puedes buscar su foto en Internet*

1. Su nombre es _____. Nació en _____, y vive en _____.

2. Es un _____ muy famoso. Es _____, _____ y muy _____.

       (ARTISTA – DEPORTISTA)   (GUAPO / BONITA – INTELIGENTE / FUERTE / ...)

3. Tiene _____ años y le gusta _____.

4. (Sí / No) _____ lo conozco en persona.

5. Me gusta porque _____.

☺ **Palabras de ayuda**

conocer en persona -직접 봐서 알게 되다		interesante -흥미로운
pobre -가난한	rico/a -부유한	millonario/a -백만장자의

☼ **1)** *Dos compañeros leen el diálogo*

A: ¿Qué vas a hacer mañana?

B: Voy a estudiar en la biblioteca. ¿Y tú?

A: Yo voy a ir a nadar y voy a ver a mis padres.

B: ¿Qué van a hacer tus amigos?

A: Mis amigos van a nadar, también. Vamos a ir juntos. ¿Vas a estudiar todo el día?

B: No, solamente voy a estudiar 4 horas.

A: ¿Vamos a nadar juntos? Primero voy a ver a mis padres y después vamos a nadar con mis amigos. Puedes ir a la biblioteca temprano y nos vemos luego.

B: ¿En verdad? ¡Muchas gracias! Voy a ir a la biblioteca a las 8. ¡Hasta mañana!

ir + a + AR, ER, IR (···)할 것이다			
A: ¿Qué vas a hacer esta noche? 오늘밤에 뭐 할 거야? B: Voy **a** estudiar, **a** ver televisión y (voy) **a** dormir.	(yo) **voy**	a	nadar en Posco
	(tú) **vas**	a	ver televisión
	(él / ella) **va**	a	comer pizza
	(nosotros) **vamos**	a	ir a una fiesta
	(ustedes) **van**	a	jugar futbol
	(ellos) **van**	a	descansar en su casa

De pie, pregunta a tus compañeros

La frase de hoy

¿Qué vas a hacer este fin de semana?

Voy a estudiar y **a** ver a mis amigos.

/ Voy a estudiar y **después** voy a ver a mis amigos.

* Este fin de semana, mi compañero/a __va__ a __limpiar su cuarto__ y a __subir a la montaña__ .

1. Este fin de semana, mi compañero/a _____ a _____ y a _____ .

2. Este fin de semana, mi compañero/a _____ a _____ y a _____ .

3. Este fin de semana, mi compañero/a _____ a _____ y a _____ .

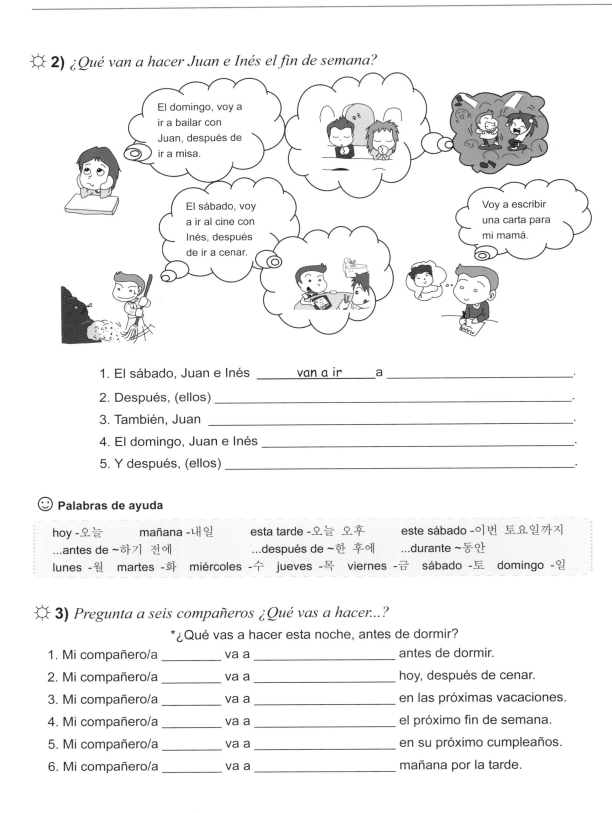

☼ **2)** *¿Qué van a hacer Juan e Inés el fin de semana?*

El domingo, voy a ir a bailar con Juan, después de ir a misa.

El sábado, voy a ir al cine con Inés, después de ir a cenar.

Voy a escribir una carta para mi mamá.

1. El sábado, Juan e Inés _____ van a ir _____ a _____.

2. Después, (ellos) _____.

3. También, Juan _____.

4. El domingo, Juan e Inés _____.

5. Y después, (ellos) _____.

☺ **Palabras de ayuda**

hoy -오늘   mañana -내일   esta tarde -오늘 오후   este sábado -이번 토요일까지
...antes de ~하기 전에   ...después de ~한 후에   ...durante ~동안
lunes -월   martes -화   miércoles -수   jueves -목   viernes -금   sábado -토   domingo -일

☼ **3)** *Pregunta a seis compañeros ¿Qué vas a hacer...?*

*¿Qué vas a hacer esta noche, antes de dormir?

1. Mi compañero/a _____ va a _____ antes de dormir.

2. Mi compañero/a _____ va a _____ hoy, después de cenar.

3. Mi compañero/a _____ va a _____ en las próximas vacaciones.

4. Mi compañero/a _____ va a _____ el próximo fin de semana.

5. Mi compañero/a _____ va a _____ en su próximo cumpleaños.

6. Mi compañero/a _____ va a _____ mañana por la tarde.

☼ **4)** *Escribe junto con tu compañero ¿Qué va a hacer Lina el fin de semana?*

... el sábado

Por la mañana,<u>va</u> <u>a limpiar</u> su casa. LIMPIAR	Luego, _____ _____ una hora. CORRER	Por la tarde,_____ _____ con su perro. JUGAR	Después,_____ _____televisión. VER	Finalmente, ____ <u>a dormir</u> a las 9. DORMIR

... el domingo

Primero, _____ ____el periódico LEER	Luego, _____ _____ con su amiga. HABLAR	Después, (ellas) _____ al cine. IR	Más tarde,_____ _____<u>jugar</u> videojuegos.	Por último, ____ a _____ su música favorita.

☺ **Palabras de ayuda**

por la mañana -아침에	primero -먼저, 첫째로	luego -이후에
por la tarde -오후에	después ~후에	más tarde -더 늦게
por la noche -저녁에	por último -최종적으로	al final, finalmente -마지막으로

♪ *¡Vamos a cantar!* ♫♫ *- CANCIÓN 8 -*
Luis Miguel es mexicano, pero nació en Puerto Rico. Es muy famoso en América Latina, en España y en los Estados Unidos. Su canción **Nada es igual** es la CANCIÓN 8, está al final de tu libro. *Puedes encontrar la canción en http://kr.youtube.com/

§ Lección 15. Prefiero comer en casa

§ TEMA 15. Actividades de la vida diaria, gustos y preferencias

☼ **1)** *Dos compañeros leen el diálogo*

A: Profesora, ¿qué va a hacer después de esta clase?

B: Voy a ir a comer.

A: ¿Va a comer en la universidad?

B: No, prefiero comer en casa. Ya es mi última clase.

A: ¿Usted va a cocinar?

B: Sí, me gusta cocinar, especialmente comida china. ¿Te gusta la comida china?

A: Sí me gusta, pero prefiero la comida mexicana.

B: El próximo mes voy a preparar comida mexicana para ti.

☼ **2)** *Sus actividades favoritas. Pregunta a tus compañeros y escribe sus nombres*

EVA

Prefiero salir con mis amigos

MIGUEL

Miguel prefiere hacer Internet

SANTIAGO

Prefiero comer helado de chocolate

A: Eva, ¿te gusta hacer Internet?
Eva: No. Prefiero salir con mis amigos.
A: Miguel, ¿te gusta hacer Internet?
Miguel: Sí, me gusta **mucho** hacer Internet.

A: Santiago, ¿te gusta comer helado de vainilla?
Santiago: No. Prefiero comer helado de chocolate.
A: Estela, ¿te gusta helado de vainilla?
Estela: Sí, me gusta **mucho** el helado de vainilla.

* ¿A quién le gusta <u>hacer Internet?</u>   *A Miguel*

* ¿A quién le gusta <u>comer helado de vainilla?</u>   *A Estela*

1. ¿A quién le gusta <u>hacer Internet</u>? _____

2. ¿A quién le gusta <u>comer helado de vainilla</u>? _____

3. ¿A quién le gusta <u>ver telenovelas</u>? _____

4. ¿A quién le gusta <u>cenar en restaurantes</u>? _____

5. ¿A quién le gusta <u>pescar</u>? _____

6. ¿A quién le gusta <u>bailar</u>? _____

7. ¿A quién le gusta <u>cocinar</u>? _____

8. ¿A quién le gusta <u>escuchar música</u>? _____

9. ¿A quién le gusta <u>sacar fotos</u>? _____

10. ¿A quién le gusta <u>trabajar en el jardín</u>? _____

A nadie le gusta...

☼ **3)** *Mis actividades favoritas para las vacaciones. Primero escribe y después pregunta a tus compañeros* (먼저 아래 문장을 채우고 친구들에게 질문하세요.)

En primavera, Ignacio prefiere pescar	En verano, ellos prefieren nadar	En otoño, (nosotros) preferimos ir al café cantante	En invierno, prefiero viajar al Caribe

A: ¿Qué prefieres hacer durante las vacaciones?
IGNACIO: En primavera, (yo) prefiero tomar fotos, y...
* En primavera, Ignacio prefiere pescar, y...

1. En primavera, prefiero _____.

2. En primavera, mi compañero/a prefiere _____.

3. En verano, prefiero _____.

4. En verano, mi compañero/a prefiere _____.

5. En otoño, prefiero _____.

6. En otoño, mi compañero/a prefiere _____.

7. En invierno, prefiero _____.

8. En invierno, mi compañero/a prefiere _____.

☺ **Palabras de ayuda**

caminar en el parque -공원에서 걷다	ir al café cantante -노래방을 가다	reparar -수리하다, 고치다
tomar una siesta -낮잠을 자다	jugar con la nieve -눈싸움을 하다	
correr -달리다	jugar videojuegos -전자오락게임	
dar una fiesta -파티를 열다	을 하다	la primavera -봄
lavar el carro -세차하다	leer novelas -소설을 읽다	el verano -여름
descansar -쉬다, 휴식하다	limpiar -청소하다	el otoño -가을
escribir una carta -편지를 쓰다	recibir visitas -방문을 받다	el invierno -겨울
esquiar -스키를 타다	conversar -대화하다	

¡Buena idea! -좋은 생각이야!	¡Felicidades! -축하해!	¡Excelente! / ¡Perfecto! -완벽해!

Preguntar a sus compañeros (모두들 일어서서 여러 친구들에게 다음을 물어봅니다.)

La frase de hoy

¿Prefieres estudiar en casa o en la biblioteca?

Prefiero estudiar en la biblioteca / en casa

☼ **4)** *¡Vamos a conversar! Dos alumnos en equipo preparan un diálogo para presentarlo frente a sus compañeros* (두 명의 학생이 그룹을 지어 다음과 같이 대화를 준비하여 친구들 앞에서 발표하세요.) *Ve el dibujo* (아래 그림을 보세요.)

Por ejemplo: EQUIPO 1.

A: ¿Te gusta ir al cine?
B: Sí, me gusta mucho ir al cine.
A: ¿Quieres ir al cine el domingo?
B: Pero ahora es primavera, prefiero ir a la montaña.
A: ¡Buena idea! ¿A qué hora?
B: A las once.
A: ¡Perfecto! Nos vemos el domingo a las once.

EQUIPO 1.

Nos gusta la primavera

EQUIPO 2.

No nos gusta el verano

EQUIPO 3.

Museo de Arte Moderno

EQUIPO 4.

En invierno, nos gusta

acampar en la montaña

§ Lección 16. El clima y la ropa

§ TEMA 16. El clima y el vestuario para cada estación

☀ **1)** *Tres compañeros leen el diálogo*

A: Me gusta este vestido. ¿Cuánto cuesta?

B: Cuesta ochenta y cinco mil wones.

A: Muy bien. Quiero el vestido. ¿Puedo pagar con tarjeta?

B: Sí, no hay problema.

C: ¿Cuánto cuestan estos suéteres?

B: Cuestan sesenta y siete mil wones, cada uno. Están rebajados.

C: ¡Perfecto! Quiero los dos suéteres.

B: Aquí tiene, señorita. Aquí tiene, joven. Gracias por su compra.

☀ **2)** *¡Con colores y tijeras! Primero, vamos a pintar.* *Cada estudiante lleva tijeras y colores, de tarea* *El dibujo para pintar y recortar está al final del libro* (색칠하고 자를 수 있는 그림 샘플이 책 뒤편에 있습니다.)

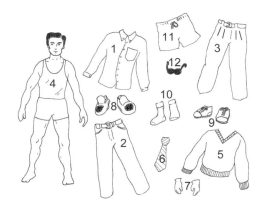

ropa de Adán

1. camisa amarilla - 노란 셔츠(남성복)
2. pantalón azul - 파란 바지
3. pantalones cafés - 갈색 바지
4. camiseta azul - 파란 T 셔츠
5. suéter anaranjado - 주황색 스웨터
6. corbata verde - 초록색 넥타이
7. guantes morados - 보라색 장갑
8. zapatos negros - 검정 신발
9. tenis grises - 회색 운동화
10. calcetines azules - 파란 양말
11. traje de baño rojo - 빨간 수영복
12. lentes oscuros - 선글라스

ropa de Eva

1. blusa amarilla - 노란 블라우스
2. botas cafés - 갈색 부츠
3. camiseta azul - 파란 T 셔츠
4. falda rosa - 분홍색 치마
5. pantalón azul - 파란 바지
6. saco azul - 파란 자켓
7. traje de baño verde - 초록색 수영복
8. vestido rojo - 빨간 원피스
9. zapatos rojos - 빨간 신발

* La camiseta no tiene cuello (셔츠에는 깃이 없습니다.)

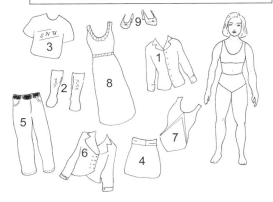

☼ **3)** *Luego, vamos a recortar con las tijeras*
   A) Vamos a recortar a Adán
   B) Vamos a recortar la ropa de Adán
   C) Vamos a recortar a Eva
   D) Vamos a recortar la ropa de Eva

☼ **4)** *Después, vamos a seguir las instrucciones siguientes*
   A. Eva y Adán van a ir a la universidad
      1. Eva tiene una blusa amarilla, un pantalón azul y botas cafés.
      2. Adán tiene una camisa amarilla, unos pantalones azules, calcetines azules y zapatos negros.
   B. Más tarde, Eva y Adán van a ir a nadar
      3. Adán tiene su traje de baño rojo.
      4. Eva tiene su traje de baño verde.
   C. Por último, Adán y Eva van a ir al cine y a cenar
      5. Eva tiene su vestido rojo y también sus zapatos rojos.
      6. Adán tiene pantalón café y suéter anaranjado. También, lentes oscuros y sus tenis grises.

   * ¿Qué ropa **no** usa Adán?
   Adán no usa su _____ _____ ni sus _____ _____.
           ROPA   COLOR   ROPA   COLOR
   * ¿Qué ropa **no** usa Eva?
   Eva no usa su _____ _____, ni su _____ _____,
           ROPA   COLOR   ROPA   COLOR
   ni su _____ _____,
           ROPA   COLOR

☼ **5)** *Escribe, ¿qué ropa prefieren usar?*

A: ¿Qué ropa usas en invierno?

B: En invierno, (yo) uso _____ ¿y tú?

En invierno, (él/ella) usa _____.

A: ¿Qué ropa prefieres usar en verano?

B: En verano, uso _____, ¿y tú?

En verano, (él/ella) usa _____.

A: ¿Qué ropa usas cuando llueve?

B: Cuando llueve, uso _____, ¿y tú?

Cuando llueve, (él/ella) usa _____.

😊 **Palabras de ayuda**

el clima -기후	hay contaminación -오염이 있다	hace frío -춥다
nublado -구름이 낀	hace fresco -선선하다	hace viento -바람이 분다
nieva -눈이 온다	hace calor -따뜻하다, 덥다	hace buen tiempo -날씨가 좋다
llueve -비가 온다	hace sol -햇볕이 있다	hace mal tiempo -날씨가 나쁘다

☼ **6)** *Pregunta a tus compañeros y escribe*

A: **En primavera**, (yo) ___voy a tomar___ fotos a las flores. **¿Y tú?**

   B: Voy a trabajar mucho

*1. En primavera, mi compañero ___va a trabajar mucho___

   A: ¿Y qué vas a hacer **en primavera** con tus amigos?

   B: Mis amigos y yo vamos a viajar a China

*2. En primavera, los amigos de ___Juan___ y él ___van a viajar a China___.

En **verano**, (yo) _____ ¿Y tú?

3. En verano, mi compañero/a_____ _____

¿Y qué vas a hacer **en verano** con tus amigos?

4. En verano, los amigos de _____ y (él/ella) _____

En **otoño**, (yo) _____ ¿Y tú?

5. En otoño, mi compañero/a_____ _____

¿Y qué vas a hacer **en otoño** con tus amigos?

6. En otoño, los amigos de _____ y (él/ella) _____

En **invierno**, (yo) _____ ¿Y tú?

7. En invierno, mi compañero/a_____ _____

¿Y qué vas a hacer **en invierno** con tus amigos?

8. En invierno, los amigos de _____ y (él/ella) _____

😊 **Palabras de ayuda**

jugar (al) boliche -볼링	mirar por la ventana -창문을 통해 보다
pasear en el parque -공원을 산책하다	jugar con la nieve -눈싸움을 하다
hacer ejercicio -운동을 하다	tomar el sol -햇볕을 쐬다, 선탠을 하다
viajar a otro país -다른 나라로 여행하다	ir al teatro -극장에 가다
tomar cursos de verano / invierno -여름(겨울)학기 수업을 듣다	acampar -캠핑을 하다

☼ **7)** *Ve el dibujo y escribe. ¿Le gusta o no le gusta?*

CECILIA

1. __A__ __Cecilia__ le gusta __mucho__ el __otoño__
porque __hace viento y le gusta **cuando hace** viento__ .

2. _____ __Lorena__ le gusta _____ el _____
porque _____ .

LORENA

MARCELA

3. Pero _____ __Marcela__ ____ _____ el _____
porque _____ .

4. A __Jorge__ _____ le gusta el _____
porque _____ .

JORGE

5. _____ __Manuel__ _____ le gusta cuando hay _____,

MANUEL   porque **no** le gusta el esmog.

♪ *¡Vamos a cantar!* ♫♫ - *CANCIÓN 9* -

Amaral son dos amigos españoles, Eva y Juan. Escuchemos la CANCIÓN 9, ***Días de verano***, está al final de tu libro. *Puedes encontrar la canción en http://kr.youtube.com/

§ Lección 17. Quisiera viajar a Europa

§ TEMA 17. Otras formas para el tiempo futuro –querer, desear, pensar–

☼ **1)** *Dos compañeros leen el diálogo*

A: Pienso ir a China durante las vacaciones.

B: ¿Para qué vas a ir a China?

A: Voy a estudiar chino, dos meses.

B: ¡Felicidades! Yo también quisiera viajar,
   pero no tengo tiempo. Me gustaría terminar
   mi carrera este semestre.

A: No te preocupes. Después, vas a viajar por todo el mundo.

☼ **2)** *Leer juntos en voz alta*

Otras formas para hablar en tiempo futuro

	seguro -확신 ← voy a..., pienso .	
yo	**voy a** dormir *seguro	**pienso** dormir *seguro
tú	*vas a* trabajar	*piensas* trabajar
él / ella	va a estudiar	piensa estudiar
nosotros	vamos a jugar	pensamos jugar
ustedes ellos/ellas	van a descansar	piensan descansar

Pensamos preparar bien estas vacaciones.

Vamos a trabajar en el club y **pensamos** invitar a muchos amigos.

También, **quisiéramos ganar** mucho dinero y **nos gustaría divertirnos.**

	quizá / tal vez -소망, 어쩌면, 아마도 ← quisiera, tengo ganas de..., me gustaría					
yo	**quisiera** dormir *quizá	**tengo ganas de** dormir *quizá	(A mí)	**me**	**gustaría** dormir *quizá = tal vez	
tú	*quisieras* trabajar	*tienes ganas de* trabajar	(A ti)	*te*	*gustaría*	trabajar
él / ella	quisiera estudiar	tiene ganas de estudiar	(A él / a ella)	le	gustaría	estudiar
nosotros	quisiéramos jugar	tenemos ganas de jugar	(A nosotros)	nos	gustaría	jugar
ustedes ellos/ellas	quisieran descansar	tienen ganas de descansar	(A ustedes) (A ellos/ a ellas)	les	gustaría	descansar

Tenemos ganas de bailar toda la noche, **pero vamos a** estudiar para el examen mañana

Tengo ganas de jugar con mi perro, pero **pienso** dormir hasta las 12:00

☼ **3)** *Pregunta a tus compañeros*

* ¿Qué piensas hacer durante las vacaciones? (방학 동안에 무엇을 할 생각이니?)

- Tengo ganas de viajar a _Pekín_ / Quisiera viajar a _Pekín_

    / Pienso viajar a _Pekín_

* ¿Hablas _chino_ ?

- Sí, hablo un poco de _chino_

☺ **Palabras de ayuda**

un poco de... 조금	muy bien 매우 잘	no hablo nada de... 거의 말할 줄 모르는	
Salamanca (español)	Quebec (francés)	San Francisco (inglés)	Cancún (español)
Nueva Delhi (hindi)	Munich (alemán)	Milán (italiano)	Barcelona (catalán)
Hong Kong (chino)	Atenas (griego)	Bangkok (tailandés)	El Cairo (árabe)

☼ **4)** *Pregunta a tus compañeros y escribe.* Tengo ganas de algo muy especial.

* ¿Qué tienes ganas de hacer durante las vacaciones?

- Tengo ganas de dormir tres días SIN despertar.

¡Dormir 3 días sin despertar!

1. Mi compañero/a _____ tiene ganas de _____

2. Mi compañero/a _____ tiene ganas de _____

3. Mi compañero/a _____ tiene ganas de _____

4. Mi compañero/a _____ tiene ganas de _____

☺ **Palabras de ayuda**

estudiar en la biblioteca -도서관에서 공부하다   ayudar a mis padres -부모님을 돕다
hacer mi tesis -논문을 쓰다   trabajar para ganar dinero -돈을 벌기 위해 일하다
practicar más español -스페인어를 더 연습하다   hacer deporte todos los días -매일 운동하다
  PERO TAMBIÉN...
ver televisión todo el día -하루종일 TV를 보다   no leer ningún libro -아무 책도 읽지 않다
ver películas todas las noches -매일밤 영화를 보다   no limpiar mi casa -집을 청소하지 않다
hacer Internet sin descansar -쉬지 않고 인터넷을 하다   comer sin engordar -살찌지 않고 먹다
ir a la discoteca todas las noches -매일밤 나이트클럽에 가다   viajar gratis -공짜로 여행하다

Todos de pie, preguntan a varios compañeros

La frase de hoy

¿Qué quisieras hacer en tu cumpleaños?

En mi cumpleaños, quisiera tener muchos regalos

/ quisiera tener una fiesta

/ tengo ganas de un pastel grande

/ me gustaría cenar con mi familia

☼ **5)** *Escribe* SEGURO (S) *o* QUIZÁ (Q) *en las frases, después de ver los* VERBOS

1. (   ) El fin de semana **voy a ir a visitar** a mis padres.

2. (   ) El verano próximo **quisiera viajar** por América Latina.

3. (   ) **Tengo ganas de comprarme** unos zapatos nuevos.

4. (   ) **Pienso invitar** a mis amigos al cine, mañana.

5. (   ) **Me gustaría dormir** todo el fin de semana.

6. (   ) **Quisiera ver** a Oscar para estudiar juntos mañana.

7. (   ) **Voy a cenar** pizza y espagueti.

8. (   ) **Pienso ver** la final de béisbol en casa de mi amigo.

9. (   ) **Me gustaría vivir** cerca de la escuela.

10. (   ) Hoy por la noche, **tengo ganas de cenar** en un buen restaurante.

§ Lección 18. Vamos al café

§ TEMA 18. Los lugares, ubicación y tipos de establecimientos comerciales

☼ **1)** *Tres compañeros leen el diálogo*

A: Quiero el periódico, por favor. ¿Cuánto cuesta?

B: El periódico cuesta 500 wones. Aquí está.

A: Perdone, ¿dónde está la farmacia? Voy a comprar unas aspirinas.

B: La farmacia está **entre los** tacos **y los** pasteles.

A: Gracias. ¿Hay un café cerca?

B: El café está **al lado de** las pizzas.

A: Muchas gracias, señor. (Ve a su amiga) ¡Hola, Sofía!

C: ¡Hola, Susana! ¿Cómo estás?

A: Muy bien, gracias. Vamos al café para conversar.

☺ **Palabras de ayuda**

> el café, la cafetería -커피, 커피점   la farmacia -약국   la pizzería   la panadería -빵집   la papelería -문방구
> entre -사이에   enfrente -정면에   al lado -옆에

☼ **2)** *Ve el dibujo de arriba para responder junto con tu compañero*

1. Tengo hambre. Quisiera comer una pizza.

    → Entonces, vamos a la _____. Está **ENTRE** los tacos y el _____.

2. Estoy en la parada de autobús y tengo ganas de comprar un pastel.

    → Entonces, vamos a la _____. Está _____ la farmacia y la _____.

3. Estoy enfermo, quisiera una aspirina.

    → Entonces, vamos a la _____. Está **ENFRENTE** de la parada de autobús

4. No tengo bolígrafo ni lápiz.

→ Entonces, vamos a la _____. Está **AL LADO** de la _____.

5. Tengo frío y un poco de sed.

→Entonces, vamos a la _____ para tomar un café. Está _____ de la pizzería.

estar (···)에 있다			
(yo)	**estoy**	(nosotros)	**estamos**
(tú)	**estás**	(ustedes)	**están**
(él / ella)	**está**	(ellos / ellas)	**están**

☺ **Palabras de ayuda**

arriba -위 (*up*)	alrededor -주변에	a la derecha -오른쪽으로	detrás -뒤에
abajo -아래 (*down*)	al lado -옆에	a la izquierda -왼쪽으로	delante -앞에
debajo -밑에 (*below*)	en medio -가운데	adentro -안에	enfrente -정면에
sobre, encima -위 (*on*)	entre -사이에	afuera -밖에	allí -거기

☼ **3)** *¿Dónde están las cosas de Javier? Busca y escribe el nombre del objeto* *Se puede

organizar por equipos para jugar: el que termine primero, ganará
(아래 활동을 하기 위해 그룹을 지어도 됩니다. 가장 먼저 끝내는 그룹이 이깁니다.)

1. arriba
2. abajo
3. sobre
4. debajo
5. alrededor
6. al lado

MOCHILA - DICCIONARIO - OSO - LIBROS - PELOTA - RELOJ - BASURA

1. Está **debajo** del escritorio: la _____.

2. Están **abajo**, **entre** la mochila y el escritorio: los _____.

3. Está **sobre** el escritorio, **al lado** de Javier: el _____.

4. Está **detrás** de Javier, **arriba**, **al lado** de la puerta: el _____.

5. Está **abajo**, **al lado** de los libros: la _____.

6. Está **abajo**, **al lado** de la mesa, **enfrente** de la puerta: el _____.

7. **Alrededor** del escritorio, de la mochila y de los libros hay mucha _____.

☼ **4)** *¿Está cerca o lejos de aquí? Escribe el verbo ESTAR y compara con tus compañeros*

muy cerca	cerca	lejos	muy lejos
매우 가까운	가까운	멀리 있는	매우 멀리 있는

1. El restaurante __está__ __muy lejos__ de la piscina.

2. La farmacia _____ _____ del club.

3. Los talleres _____ _____ del cine.

4. La piscina _____ _____ del gimnasio.

5. La librería _____ _____ del teatro.

6. El café _____ _____ del hospital.

7. La tienda _____ _____ del auditorio.

☼ **5)** *¿Dónde está? Juego de equipos: escribir en la pizarra* *Respuestas al final del libro

1. Está enfrente de la librería: __el teatro_____.

2. Está detrás del gimnasio: _____.

3. Están entre la tienda y el hospital: _____.

4. Está al lado del club: _____.

5. Están enfrente de los laboratorios: _____ y _____.

6. Está entre la biblioteca y los talleres: _____.

7. Está detrás del café: _____.

8. Está al lado de la Facultad de Ciencias: _____.

La frase de hoy

Para ver una película,

¿vas al cine o prefieres estar en casa?

Prefiero ir al cine para ver una película

/ Prefiero estar en casa para ver una película

☼ **6)** *¿Adónde vamos? Escribe con cuidado.* *Respuestas al final del libro

1. Quisiera estudiar y ver muchos libros. → Voy a ir a la _____.

2. Tengo clase de Filosofía. → Voy a ir a la _____.

3. Tenemos ganas de ver *Hamlet*. → Vamos a ir al _____.

4. Pensamos hacer ejercicio por la noche. → Vamos a ir al_____.

5. Quiero comprar aspirinas. → Voy a ir a la _____.

6. Me gustaría nadar un poco. → Voy a ir a la _____.

7. Tengo ganas de ver una película. → Voy a ir al _____.

8. Queremos visitar a nuestro amigo que está enfermo. → Vamos a ir al _____.

9. Nos gustaría ver las pinturas de Picasso. → Vamos a ir al _____.

10. Pienso cenar un buen espagueti. → Voy a ir al ._____.

☺ **Palabras de ayuda**

hospital -병원   tienda -가게   teatro -극장   museo -박물관   piscina -수영장
laboratorios -실험실   libreria -서점   cine -영화관   biblioteca -도서관 gimnasio -체육관, 도장
rectoría -대학본부(건물) Facultad de Humanidades -인문대학 Facultad de Ciencias Naturales -자연과학대학

♪ *¡Vamos a cantar!* ♫♫ - *CANCIÓN 10* -

Mi destino eres tú es la canción de una telenovela mexicana. Es la CANCIÓN 10, está al final de tu libro. *Puedes encontrar la canción en http://kr.youtube.com/

§ Lección 19. Estoy haciendo la tarea

§ TEMA 19. El gerundio, tiempo presente durativo

☼ **1)** *Dos compañeros leen el diálogo*

A: ¿Mamá, dónde estás?

B: Estoy arriba, estoy planchando la ropa. ¿Y tú, qué estás haciendo?

A: Estoy haciendo la tarea.

B: ¿En verdad? Pero aquí están tus libros, sobre la mesa.

A: Bueno. Estoy haciendo ejercicio y después voy a hacer mi tarea.

B: Y tu papá, ¿dónde está?

A: Está viendo televisión. Bueno, está enfrente de la televisión, pero está leyendo el periódico...

B: ¿Dónde está el gato?

A: El gato está jugando con el perro.

B: ¡No lo creo! ¡Es imposible, no puede jugar con el perro!

A: Bueno, creo que están jugando, pero tal vez están cantando.

B: ¡¡¿¿Están cantando??!!

ESTAR + ando / endo		
cocinar → cocinando -요리하다	leer → leyendo -읽다	jugar → jugando -놀다
ver → viendo -보다	hablar → hablando -말하다	bailar → bailando -춤추다
preparar → preparando -준비하다	cantar → cantando -노래하다	beber→ bebiendo -(술을) 마시다
nadar → nadando -수영하다	pensar → pensando -생각하다	tapar → tapando -막다
decir → diciendo -말하다	planchar → planchando-다림질하다	dormir → durmiendo -자다
tocar → tocando (la batería, la guitarra) -연주하다	conducir → conduciendo (un coche) -운전하다	

☺ **Palabras de ayuda**

hacer la tarea -숙제를 하다	¡No lo creo! -믿을 수 없어!	Es imposible -불가능해
Puede -할 수 있다, 해도 된다	No puede... -할 수 없다	

☼ **2)** *Gabriela y su reloj, ¿qué está haciendo? Escribe junto con tu compañero*

A las 6:00, Gabriela

está oyendo música

(oír - oyendo)

A las 7:00, <u>está</u> _____

para arreglarse y salir

(correr - corriendo)

A las 8:15, <u>está</u> _____

tarde a la clase

(llegar - llegando)

A las 11:30, _____

_____ con sus amigos

(comer - comiendo)

A las 4:00, _____

_____ tenis

(jugar - jugando)

A las 5:30, _____

_____ la cena

(preparar - preparando)

A las 10:45, Gabriela_____

_____ televisión.

(ver - viendo)

Finalmente, a las 11:30, Gabriela

_____ _____.

(dormir - durmiendo)

Todos de pie, preguntan a varios compañeros

La frase de hoy

¿Estás estudiando otros idiomas?

No, solamente, estoy estudiando español.

/ Sí, estoy estudiando español y francés.

1. Mi compañero/a ___**está**___ _____ _____.

2. Mi compañero/a _____ _____ _____.

3. Mi compañero/a _____ _____ _____.

☼ **3)** *¿Qué están haciendo en la fiesta?*

1. Luis y Ana ___están bailando___   4. Silvia_____

2. Pablo_____   5. Liz y Bety_____

3. Aldo_____   6. Jorge se ___está tapando___ sus oídos.

7. Oscar _____ _____ y está _____ la guitarra.

☼ **4)** *¿Qué están haciendo y qué prefieren?*

      DAVID   HUGO   ALEJANDRO   ENRIQUE

1. David _____ _____(ESTUDIAR), pero _____ _____ Harry Potter.

2. Hugo _____ _____(LIMPIAR), pero _____ _____ a Cancún.

3. Alejandro _____ _____(PINTAR), pero _____ _____ en su casa.

4. Enrique _____ _____(VER) una película, pero _____ _____ a su casa.

5. Yo _____ _____(ESTUDIAR), pero _____ _____.

☼ **5)** *Habla con tus compañeros de equipo*

¡Es muy raro!	¡Es difícil!	¡Es imposible!	Es posible

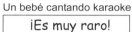

Un bebé cantando karaoke

¡Es muy raro!

Unas gemelas masticando

chicle al mismo tiempo

¡Es difícil!

Un mono fumando

¡Es imposible!

Un yudoca planchando

Hoy en día, es posible

☺ **Palabras de ayuda**

raro, extraño -이상한, 드문   puede -할 수 있다   no puede -할 수 없다   es difícil -어렵다
no debe -하면 안 된다, 해서는 안 된다 imposible -불가능한   posible -가능한 hoy en día -요즘은

Un pájaro buceando

Un señor fumando en el metro

Un bebé llorando y su mamá, también

¡Es (muy) raro!	¡Es imposible!	Puede, pero no debe...

Un hombre conduciendo

y leyendo un libro de Poe

Un pájaro cantando en

español y alemán

Una profesora fumando

en clase

Una mujer llorando y viendo

una telenovela

§ Lección 20. Me siento feliz

§ TEMA 20. Los estados de ánimo y estados físicos

Todos de pie, preguntan a varios compañeros

La frase de hoy

¿Cómo te sientes hoy? (오늘 기분이 어때?)

Me siento **muy bien**, gracias.

/ Muy bien. Estoy muy **feliz** / muy **contento**/a

porque no tengo exámenes / porque no tengo tarea

¿Y tú, cómo te sientes hoy?

☼ **1)** *Dos compañeros leen los diálogos*

A: ¿Cómo te sientes hoy?

B: Me siento un poco mal, porque no duermo bien...

A: ¿Por qué no duermes bien?

B: Porque tengo 4 exámenes esta semana... Estoy muy CANSADO...

C: ¿Cómo estás? ¿Te sientes bien?

D: No, no estoy bien. Estoy muy ENOJADO.

C: ¿Por qué estás **tan** enojado?

D: Porque mi moto no está. ¡¡¿¿Por qué no está mi moto??!!
    ¡Dónde está mi motocicleta!

A: ¿Te sientes bien?

B: Me siento muy TRISTE... tengo ganas de **llorar**...

A: ¿Por qué estás **tan** DEPRIMIDO (낙심을 하다)?

B: Porque no tengo dinero para ir al campamento de
    español. Yo quisiera ir a Salamanca, pero no puedo...

C: ¿Vas a ir a la fiesta este sábado?

D: ¿Cuál fiesta? No sé nada.

C: Javier y Aída van a casarse.

D: ¡Qué bien! Yo siempre los veo muy ENAMORADOS.

(사랑에 빠지다)

☼ **2)** *Escribe junto con tu compañero, ¿cómo se sienten ellos?*

Tengo tos, catarro y gripe...

está enfermo

Quisiera comer 4 hamburguesas

Estoy estudiando todas las noches

¡No hay tiempo! ¡Hay mucho trabajo!

¡Agua, por favor!

¿Qué debo hacer?

No hay nada interesante...

¡Prefiero el invierno!

¡Ay! La película es muy fea

☺ **Palabras de ayuda**

tener sueño -졸리다, 잠이 오다
tener sed -목이 마르다
tener prisa -서두르다
tener miedo -겁을 먹다
tener gripe -감기에 걸리다
tener tos -기침을 하다
tener catarro -코감기에 걸리다

tener hambre -배가 고프다
estar cansado -피곤하다
estar estresado -스트레스를 받다
estar avergonzado -부끄러워 하다
estar preocupado -걱정을 하다
estar aburrido -지루하다
estar nervioso -불안해 하다, 신경이 날카롭다

TENER + SUSTANTIVO
~을 가지다
ESTAR + ADJETIVO
~상태이다

☼ **3)** *Pregunta a tus compañeros*

A: ¿Qué prefieres hacer cuando **estás triste**?

B: Cuando **estoy triste** me gusta ir al cine / prefiero estar solo/a
/ comer mucho / escuchar música...

1. Mi compañero/a _____ prefiere _____.

2. Mi compañero/a _____ prefiere _____.

☺ **Palabras de ayuda**

Yo también -나도 그래(긍정)	Yo tampoco -나도 그래(부정)
Yo hago igual -나도 마찬가지야, 나도 그래	¿En verdad? -진짜? 정말로?

A: ¿Qué prefieres hacer cuando **tienes miedo**?

B: Cuando **tengo miedo** me gusta hablar por teléfono / prefiero comer mucho
/ ver a mis amigos...

1. Mi compañero/a _____ prefiere _____.

2. Mi compañero/a _____ prefiere _____.

☺ **Palabras de ayuda**

ir a un concierto -콘서트를 가다   llegar tarde -늦게 도착하다   dar un paseo -산책을 하다
hablar por teléfono -전화로 이야기하다 limpiar la casa -집을 청소하다 estar solo -혼자 있다

☼ **4)** *¿Cómo te sientes cuando...? estoy... tengo... me siento...*

1.¿Cómo te sientes cuando vas a una fiesta con tus amigos? _____

2. ¿Cómo te sientes cuando no tienes tarea? _____

3.¿Cómo te sientes cuando tienes 3 exámenes en un día?_____

4. ¿Cómo te sientes cuando llegas tarde a la clase?_____

5. ¿Cómo te sientes cuando es *Seol-nal*?_____

sentir(se) 느끼다					
(yo)	me	**siento**	(nosotros/as)	nos	**sentimos**
(tú)	te	**sientes**	(ustedes)	se	**sienten**
(usted, él / ella)	se	**siente**	(ellos/as)	se	**sienten**

♪ *¡Vamos a cantar!* ♫♫ *- CANCIÓN 11 -*
Roberto Carlos es brasileño y canta la canción **Amigo**. Escuchemos la CANCIÓN 11, al final
de tu libro. *Puedes encontrar la canción en http://kr.youtube.com/

§ Lección 21. Todos los días...

§ TEMA 21. Las actividades de la rutina personal

☼ **1)** *Dos compañeros leen el diálogo*

A: Angélica, tú nunca llegas tarde a la universidad.

B: Nunca llego tarde porque hago ejercicio todos los días
por la mañana.

A: A mí también me gusta hacer ejercicio, pero a veces
me levanto tarde.

B: Yo me levanto a las 6:00 de la mañana todos los días, hago
ejercicio y después me arreglo para salir.

A: ¿Quién **prepara** tu desayuno?

B: Yo **me preparo** mi desayuno, pero

a veces desayuno en la universidad con mis compañeros.

☼ **2)** *¿Cuál es su rutina? Escoge entre los verbos:* afeitarse, dormir, ponerse, ver.

¡Hola, soy Sandra! Les voy a hablar de la rutina de mi familia.
¿Quieren ayudarme? Yo ___me___ la ropa y ustedes
escriben los VERBOS. ¿De acuerdo? ¡Gracias!

1. Todos los días, mi primo Gerardo _____ hasta las 10:00 de la
mañana.

2. Todas las mañanas, mi hermano menor, Diego, _____ las
noticias en la TV, después de desayunar.

3. Y mi hermano Fernando ___se___ todos
los días, antes de desayunar.

GERARDO

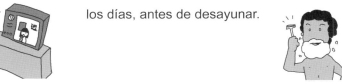

DIEGO

FERNANDO

Los verbos donde el sujeto y el objeto es el mismo se llaman pronominales 행동이 동일한 주어와 목적어에 미치는 경우에 재귀대명사를 사용한다. (él) *se afeita* - afeitarse (면도를 하다) (yo) *me pongo la ropa* - ponerse (옷을 입다)	Pero también hay verbos para la rutina que NO son pronominales (él) *duerme* - dormir (él) *ve* - ver

☺ **VERBOS PRONOMINALES** - *Esta hoja está al final del libro, para recortar*

Por la mañana...		yo	él -ella
1º.	despertarse -(잠에서) 깨다	me despierto	se despierta
2º.	levantarse -일어나다	me levanto	se levanta
3º.	bañarse -목욕하다	me baño	se baña
3º.	lavarse el pelo -머리를 감다	me lavo el pelo	se lava el pelo
3º.	lavarse la cara -세수하다	me lavo la cara	se lava la cara
4º.	lavarse los dientes -양치질을 하다	me lavo los dientes	se lava los dientes
◆	afeitarse -면도를 하다	* me afeito	* se afeita
5º.	secarse -건조하다, 말리다	me seco	se seca
6º.	peinarse -머리를 빗다	me peino	se peina
♥	maquillarse -화장을 하다	* me maquillo	* se maquilla
7º.	vestirse / ponerse la ropa -옷을 입다	me visto / me pongo...	se viste / se pone...
7º.	arreglarse -정돈하다	me arreglo	se arregla
Por la noche...		yo	él - ella
1º.	quitarse la ropa -옷을 벗다	me quito la ropa	se quita la ropa
2º.	acostarse -잠에 들다	me acuesto	se acuesta
3º.	dormirse -잠자다	me duermo	se duerme

☺ **VERBOS SIN PRONOMBRE**

Por la mañana... Por la tarde...		yo	él - ella
1º.	desayunar -아침을 먹다	desayuno	desayuna
2º.	almorzar -아침/점심을 먹다	almuerzo	almuerza
3º.	salir de casa -집을 나서다	salgo de casa	sale de casa
4º.	llegar a la universidad -(대)학교에 도착하다	llego a la universidad	llega a la universidad
5º.	entrar a clase -교실에 들어가다	entro a clase	entra a clase
6º.	comer -먹다	como	come
Por la noche...		yo	él - ella
1º.	cenar -저녁을 먹다	ceno	cena
2º.	regresar a casa -집에 돌아가다	regreso a casa	regresa a casa
3º.	arreglar... -짐(물건)을 정리하다	arreglo mis cosas	arregla sus cosas
4º.	leer un poco -(책을) 조금 읽다	leo un poco	lee un poco
5º.	dormir 8 horas -8시간을 자다	duermo 8 horas	duerme 8 horas

☼ **3)** ¿Qué hace mi familia por las mañanas?

1. Diego es mi hermano menor. Todas las mañanas, _se_____ los dientes.

2. Mi mamá siempre _____ el desayuno para todos.

   * Diego y mi mamá tienen la **misma rutina** todos los días.

3. Linda es mi hermana mayor. Linda a veces _____ a mamá y a veces _se_____.

4. Mi papá a veces _____ las noticias y a veces _____el periódico.

☼ **4)** ¿Y tu rutina?, ¿qué haces todas las mañanas?

Yo, primero, _____

luego,_____

después,_____

finalmente,_____

☼ **5)** *Pregunta a tus compañeros*

a) ¿Tienes alguna rutina especial, cuál es?

   -Sí, siempre tomo (un vaso de) leche por la mañana.

b) Por las mañanas, ¿quién prepara el desayuno en tu casa?

- Yo **me preparo** mi desayuno, porque vivo solo(a). / Mi mamá **prepara** mi desayuno.

 c) ¿Qué haces a veces en tu rutina?

   -A veces me maquillo / me afeito, y a veces, no.

d) ¿Qué NO haces NUNCA en tu rutina?

   - Nunca tomo café por la mañana.

dormir 자다			
(yo)	**duermo**	(nosotros/as)	**dormimos**
(tú)	**duermes**	(ustedes)	**duermen**
(usted, él / ella)	**duerme**	(ellos/as)	**duermen**

Todos de pie, preguntan a varios compañeros

La frase de hoy

¿A qué hora te duermes?,

–**Me** duermo a las 10, generalmente.

¿y cuántas horas duermes?

–Duermo 8 o 10 horas, más o menos.

☼ **6)** *¿Qué hacen después de...? Practica con tus compañeros*

A: ¿Qué hace Diana **después de** jugar tenis?

B: **Después de** jugar tenis, Diana **toma** un refresco.

DIANA   RICARDO   AMELIA

NORA   ALEX   DORITA

1. Después de __jugar tenis__, Diana __toma un refresco__.

2. Después de _____, Ricardo _____.

3. Después de _____, Amelia _____.

4. Después de _____, Nora _____.

5. Después de __arreglarse__, Alex _____.

6. Después de __de compras__, Dorita _____.

☼ 7) ¿Cuál es la rutina de Carlos?

Primero _____, luego _____,

después, _____ y finalmente, _____.

☼ 8) ¿Qué hace Víctor antes de... y después de...?

1. Después de _____,

   Víctor _____ _____.

2. Antes de _____,

   Víctor ____ _____

   _____ _____.

3. Después de _____

   Víctor _____ _____.

☼ 9) ¡Muy privado! (매우 사적인 질문입니다!) Pregunta a tus compañeros

1. ¿Te gusta comer entre comidas?
2. ¿Prefieres la comida rápida?
3. ¿Te gusta la comida chatarra?
4. ¿Te gusta dormir mucho, cuántas horas?
5. ¿Duermes la siesta?
6. ¿A qué hora prefieres bañarte?
7. ¿Cuánto tiempo necesitas para arreglarte?

8. ¿Qué champú usas?
9. ¿Usas secador de pelo?
♦ 10. ¿Qué loción usas?
♥ 11. ¿Qué perfume o colonia usas?
♥ 12. ¿Te gusta maquillarte?
♦ 13. ¿Prefieres navaja o rasuradora

eléctrica para afeitarte?

  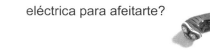

☺ **Palabras de ayuda**

entre comidas -식사 사이	champú -샴푸	rasuradora eléctrica -전기면도기	
comida rápida -인스턴트 푸드	acondicionador -린스	navaja -면도칼	
refrigerio, merienda -간식	perfume -향수	colonia -향수	tarde -늦은, 오후
comida chatarra -불량식품	loción -로션	marca -상표	temprano -이른

§ Lección 22. Mi carrera es interesante

§ TEMA 22. Carreras, profesiones y oficios diversos

☼ **1)** *Dos compañeros leen el diálogo*

A: ¿Cuál es tu carrera?

B: Estudio Medicina, voy a ser doctor, ¿y tú?

A: Mi carrera es Lengua y Literatura Hispánicas, pienso ser diplomática.

B: ¡Qué interesante! Vas a viajar por todo el mundo.

A: Tu carrera también es muy interesante pero difícil, vas a curar a muchos enfermos.

pensar 생각하다			
(yo)	**pienso**	(nosotros/as)	**pensamos**
(tú)	**piensas**	(ustedes)	**piensan**
(usted, él / ella)	**piensa**	(ellos/as)	**piensan**

☼ **2)** *¡Busca rápidamente! ¿Quién es el que...? ¿Quién es la que...? En equipos, buscar la respuesta y escribir en la pizarra. Las respuestas están en los cuadros siguientes* *Respuestas completas, al final del libro

1. El que repara cables eléctricos en la calle o en la casa es el _____

2. El que maneja un avión o un helicóptero es el _____

3. El que trabaja en una fábrica o industria es el _____

4. El que conduce un autobús o un taxi es el _____

5. El que cura a los enfermos y los revisa en su consultorio es el _____

☺ médico -의사   electricista -전기 기사   obrero -근로자 piloto -파일럿
chofer -운전수   enfermera -간호사   policía -경찰   consultorio -진료실
agente de seguros -보험사 직원   gerente -지배인   incendio -화재

6. La que cuida a los enfermos en el hospital es la _____

7. La que vende seguros de vida o seguros de coche es la _____

8. El que cuida y guarda el orden en las calles y la ciudad es el _____

9. El que vigila y controla el manejo de una empresa es el _____

☺ profesora -(여)선생님   pintor -화가   cartero -집배원
bombero -소방관   peluquero -미용사   cantante -가수   cajera -은행원
cocinero -요리사   dependiente -점원   burócrata -공무원

10. El que apaga los incendios es el _____

11. El que lleva las cartas a las casas es el _____

12. La que enseña en la escuela o la universidad es la _____

13. El que pinta cuadros artísticos es el _____

14. El que prepara la comida en un restaurante es el _____

15. El que corta el pelo en una estética o peluquería es el _____

16. El que canta en un club nocturno y graba discos es el _____

17. La que cobra y recibe el dinero en el banco, en el almacén es la _____

18. El que atiende a los clientes en un almacén es el _____

19. El que hace obras de arte es el _____

20. La que baila profesionalmente es la _____

21. El que estudia la sociedad y sus problemas es el _____

☺ bailarina -발레리나   sociólogo -사회학자   artista -예술가   mesero -웨이터
plomero -용접공 mecánico -(차)수리공   economista -경제학자 diplomático -외교관

22. El que trabaja en cualquier oficina del gobierno es el _____

23. El que estudia la economía y sus problemas es el _____

24. El que trabaja en otro país en la embajada es el _____

25. El que juzga y decide casos criminales en un tribunal es el _____

26. El que sirve y atiende a los clientes en un restaurante es el _____

27. El que repara las tuberías es el _____

☺ dentista -치과의사   jardinero -정원사   juez -판사   abogado/a -변호사
     cónsul -영사   embajador -대사   contador/a -회계사

28. El que repara automóviles y motocicletas en un taller es el _____

29. El que cuida los jardines y las plantas es el _____

30. El médico que cura y arregla los dientes es el _____

Todos de pie, preguntan a varios compañeros

La frase de hoy

¿Cuál trabajo te parece más necesario? (필요한)

- Me parece más necesario el trabajo del __doctor__, ¿y a ti?

- A mí, también.

/ A mí, no; me parece más necesario el trabajo del __bombero__

☼ 3) *Busca arriba en tus respuestas. ¿Quién trabaja en...?*

1. Trabaja en la escuela, en la universidad: _____

2. Trabaja en el taller de reparaciones: _____

3. Trabajan en un restaurante:_____ y _____

4. Trabajan en una tienda de departamentos (almacén): _____ y _____

5. Trabajan en un consultorio y en el hospital: _____ y _____

6. Trabaja en la embajada: _____

7. Trabaja en las oficinas del gobierno: _____

8. Trabaja en un taxi, en un autobús: _____

9. Trabaja donde hay incendios: _____

10. Trabaja en un club nocturno: _____

☼ **4)** *¿Cuál trabajo te parece más...?*

1. A mí me parece más **emocionante** el trabajo del / de la _____ ¿y a ti?

2. A mí me parece más **difícil** el trabajo del / de la _____ ¿y a ti?

3. A mí me parece más **peligroso** 💀 el trabajo del / de la _____ ¿y a ti?

4. A mí me parece más **lucrativo** el trabajo del / de la _____ ¿y a ti?

☺ **Palabras de ayuda**

emocionante -열정이 있는	el posgrado -대학원	la empresa -회사	graduarme -졸업하다
difícil -어려운	la ONG -*NGO*	el gobierno -정부	la ONU -*UN*
peligroso -위험한	ganar bien -수입이 많다	honorarios -특별수당	sueldo -월급
lucrativo -돈을 잘 버는	necesario -필요한	me parece -나는 ~이라고 생각한다	

☼ **5)** *¿Cuál es el futuro de tu carrera? Escribe primero y luego pregunta a un*

   compañero

   1. ¿Cuál es tu carrera?
   2. Tu carrera ¿es fácil o difícil?
   3. ¿Cuándo piensas graduarte?
   4. ¿Qué quisieras hacer después de graduarte?
   5. ¿Se gana bien en tu carrera?

Quisiera tener mi propia compañia

Yo...

1. _____

2. _____

3. _____

4. _____

5. _____

Mi compañero/a _____

1. _____

2. _____

3. _____

4. _____

5. _____

♪ *¡Vamos a cantar!* ♫♫ - *CANCIÓN 12* -

Alejandro Fernández canta ***Me dediqué a perderte***. Escuchemos la CANCIÓN 12, está al final de tu libro. *Puedes encontrar la canción en http://kr.youtube.com/

§ Lección 23. El fin de semana

§ TEMA 23. El tiempo pasado, en 1ª y 3ª personas del singular

☼ **1)** *Dos compañeros leen el diálogo*

A: ¿Qué hiciste el fin de semana?

B: Limpié mi cuarto, visité a mi abuela y fui a montar a caballo. ¿Y tú?

A: No hice nada especial, solamente fui a la universidad ayer por la tarde.

B: ¿Estudiaste el domingo?

A: No, no estudié. Jugué (al) futbol con mis amigos.

☼ **2)** *¿Qué hicieron el fin de semana?* *Al final del libro, están todos los verbos en pasado para recortar*

JAIME   JORGE   JULIA   JOSÉ

1. Jaime _____

2. Jorge _____

3. Julia _____

4. José _____

☺ **Palabras de ayuda**

	yo / él - ella		yo / él - ella
acostarse	me acosté / se acostó	estudiar	estudié / estudió
arreglarse	me arreglé / se arregló	hacer	hice / hizo (tú) hiciste
bailar	bailé / bailó	ir	fui / fue
cocinar	cociné / cocinó	jugar	jugué / jugó
correr	corrí / corrió	lavar	lavé / lavó
escuchar	escuché / escuchó	limpiar	limpié / limpió

☼ **3)** *Laura, ¿qué hiciste el sábado pasado?*

limpié mi casa	me arreglé	bailé en la discoteca	y me acosté tarde

¿Qué hizo Laura el sábado?

limpió su casa			

Y ¿qué hiciste el domingo pasado?

lavé la ropa	fui a misa	jugué tenis	y escuché música

¿Qué hizo Laura el domingo?

lavó su ropa			

☺ **Palabras de ayuda**

barrer -쓸다
sacudir / desempolvar -먼지를 털다
guardar la ropa -옷을 보관하다
cortar el césped -잔디를 깎다
encontrarse a -(우연히) 만나다
encontrarse con -(약속을 해서) 만나다

dar de comer (al perro) -(개에게) 먹이를 주다
regar las plantas -식물에게 물을 주다
tender/hacer la cama -잠자리를 준비하다, 이불을 펴다
sacar la basura -쓰레기를 치우다
pasar la aspiradora -청소기를 돌리다
arreglar toda la casa -집안 정리를 하다

☺ VERBOS EN PASADO (pretérito)

VERBO	tiempo PASADO yo / él	tiempo PASADO nosotros / ellos	VERBO	tiempo PASADO yo / él	tiempo PASADO nosotros / ellos
acostarse	me acosté / se acostó	nos acostamos / se acostaron	limpiar	limpié / limpió	limpiamos / limpiaron
almorzar	almorcé / almorzó	almorzamos / almorzaron	llamar	llamé / llamó	llamamos / llamaron
arreglar arreglarse	me arreglé / se arregló	nos arreglamos / se arreglaron	llegar	llegué / llegó	llegamos / llegaron
bailar	bailé / bailó	bailamos / bailaron	partir	partí / partió	partimos / partieron
beber	bebí / bebió	bebimos / bebieron	pasar	pasé / pasó	pasamos / pasaron
cantar	canté / cantó	cantamos / cantaron	perder	perdí / perdió	perdimos / perdieron
cenar	cené / cenó	cenamos / cenaron	poder	pude / pudo	pudimos / pudieron
comer	comí / comió	comimos / comieron	poner	puse / puso	pusimos / pusieron
conocer	conocí / conoció	conocimos / conocieron	practicar	practiqué / practicó	practicamos / practicaron
contar	conté / contó	contamos / contaron	preguntar	pregunté / preguntó	preguntamos / preguntaron
chocar	choqué / chocó	chocamos / chocaron	preparar	preparé / preparó	preparamos / prepararon
dar	di / dio	dimos / dieron	regresar	regresé / regresó	regresamos / regresaron
desayunar	desayuné / desayunó	desayunamos /desayunaron	sacar	saqué / sacó	sacamos / sacaron
descansar	descansé / descansó	descansamos / descansaron	salir	salí / salió	salimos / salieron
despedirse	me despedí / se despidió	nos despedimos / se despidieron	saludar	saludé / saludó	saludamos / saludaron
despertarse	me desperté / se despertó	nos despertamos / se despertaron	ser	fui / fue	fuimos / fueron
divertirse	me divertí / se divirtió	nos divertimos / se divirtieron	tener	tuve / tuvo	tuvimos / tuvieron
dormir	dormí / durmió	dormimos / durmieron	tomar	tomé / tomó	tomamos / tomaron
encontrarse (con...)	me encontré con /se encontró con	nos encontramos / se encontraron	trabajar	trabajé / trabajó	trabajamos / trabajaron
hacer	hice / hizo	hicimos / hicieron	ver	vi / vio	vimos / vieron
jugar	jugué / jugó	jugamos / jugaron	vestirse	me vestí / se vistió	nos vestimos / se vistieron
lavar	lavé / lavó	lavamos / lavaron	visitar	visité / visitó	visitamos / visitaron
leer	leí / leyó	leímos / leyeron	volver	volví / volvió	volvimos / volvieron

☼ **4)** *¡Preparen las noticias! En equipos, preparar qué hicieron el fin de semana como las noticias de la televisión*

☼ **PRIMERA ACTIVIDAD**

A. *Escribe,* ¿qué hice el fin de semana?

1. El sábado (yo) _____

2. _____

3. _____

1. Y el domingo (yo) _____

2. _____

3. _____

☼ **SEGUNDA ACTIVIDAD**

B. *Pregunta a tus compañeros de equipo:* ¿Qué hiciste el fin de semana?

Mi compañero/a _____

El sábado, 1. _____

2. _____

3. _____

Y el domingo, 1. _____

2. _____

3. _____

Mi compañero/a _____

El sábado, 1. _____

2. _____

3. _____

Y el domingo,1. _____

2. _____

3. _____

☼ **TERCERA ACTIVIDAD**

Ejemplo para organizar: "LAS NOTICIAS DEL FIN DE SEMANA"

*Hoja grande para preparar las noticias, al final del libro

* EQUIPO: Enrique, Gabriela y Lucía

(UNO- *Habla*   _ENRIQUE_   )

- Muy buenos días   [...] Este fin de semana, nuestra
  compañera   _GABRIELA_   hizo muchas cosas interesantes, el SÁBADO, Gabriela ...
  Y el DOMINGO, Gabriela... Ahora, vamos a escuchar a nuestra compañera   _LUCÍA_

(DOS- *Habla* __LUCÍA__)

- Gracias. [...] Este fin de semana, nuestro compañero __ENRIQUE__ hizo muchas cosas interesantes, el SÁBADO, Enrique... Y el DOMINGO, Enrique...

  Finalmente, vamos a escuchar a nuestra compañera __GABRIELA__

(TRES- *Habla* __GABRIELA__)

- Gracias. [...] Este fin de semana, nuestra compañera __LUCÍA__ hizo muchas cosas interesantes, el SÁBADO, Lucía... Y el DOMINGO, Lucía... Es todo [...]

SUGERENCIAS

* Organizar los equipos en la clase anterior, para que tengan tiempo de preparar algunas imágenes (puede ser en .ppt)

* Preparar el salón como para representar un noticiario de televisión

* Cada equipo va pasando en su turno, para presentar sus noticias a los compañeros

---

Todos de pie, preguntan a varios compañeros

La frase de hoy

¿Limpiaste tu cuarto ayer?

Sí, limpié toda mi habitación / toda mi casa.

/ No, no tuve tiempo. /No, tuve mucho trabajo /No, no tuve ganas.

☼ **5)** *¿Qué hiciste el domingo pasado?*

1. ¿Viniste a la universidad el domingo?, ¿a jugar o a estudiar?_____

2. ¿A qué hora te levantaste el domingo? _____

3. ¿Dónde comiste el domingo? _____

4. ¿Limpiaste tu casa?_____

5. ¿Fuiste a algún lugar? _____

6. ¿Hiciste alguna tarea?_____

7. ¿Viste televisión el domingo? _____

8. ¿Hiciste Internet el domingo? _____

9. ¿Hablaste con tus amigos? _____

10. ¿Hiciste algo especial el domingo? _____

☼ *¡Vamos a cantar!* ♫♫ - *CANCIÓN 13 – Marcar con color los VERBOS en PASADO*

Shakira es colombiana. La canción **Antología** es antigua pero muy famosa y muy bonita. Tiene muchos verbos en pasado. Vamos a escuchar la CANCIÓN 13, está al final de tu libro. *Puedes encontrar la canción en http://kr.youtube.com/

☼ **6)** *Después, vamos a escuchar* **otra vez** *la CANCIÓN 13 y vamos a* marcar *con color los verbos en PASADO que hay abajo:*

Antología
Canta: Shakira

Para amarte necesito una razón
y es difícil creer que no exista más
que este amor.

Sobra tanto dentro de este corazón,
y a pesar de que dicen
que los años son sabios,
todavía se siente el dolor.
Porque todo el tiempo
que **pasé** junto a ti
dejó tejido su hilo dentro de mí.

Y **aprendí** a quitarle
al tiempo los segundos,
tú me **hiciste** ver el cielo
aún más profundo,
junto a ti creo que **aumenté**
más de tres kilos
con tus tantos
dulces besos repartidos;
desarrollaste mi sentido
del olfato,
y **fue** por ti
que **aprendí** a querer los gatos,
despegaste del cemento

mis zapatos
para escapar
los dos volando un rato.

Pero **olvidaste**
una final instrucción,
porque aún no sé
cómo vivir sin tu amor.

Y **descubrí**
lo que significa una rosa,
me **enseñaste** a decir
mentiras piadosas
para poder verte
a horas no adecuadas
y a reemplazar
palabras por miradas.

Y **fue** por ti que **escribí**
más de cien canciones,
y hasta **perdoné**
tus equivocaciones
y **conocí** más de
mil formas de besar
y **fue** por ti que
descubrí lo que es amar.

§ Lección 24. Ayer fue un día especial

§ TEMA 24. El tiempo pasado, en todas las personas del singular

☼ **1)** *Dos compañeros leen el diálogo*

A: ¿Qué hiciste el viernes?

B: ¡Dormí 14 horas! La semana pasada tuve 4 exámenes y estudié todas las noches, por eso dormí 14 horas.

A: Yo también descansé mucho, pero dormí solamente 8 horas.

B: ¿Tuviste algo especial ayer?

A: Sí, ayer fui de compras con mi mamá. Ella vive en Pusán pero vino a Seúl. Me gustó mucho hablar con ella. Por la noche, leí un libro que me trajo.

B: La última vez que vi a mi familia fue hace 4 meses, porque mi familia vive en Alemania.

☼ **2)** *Pregunta a tus compañeros*

*¿Cuándo fue la última vez que fuiste a la biblioteca? → *Fui* la semana pasada.

1. ¿Cuándo fue la última vez que fuiste a la biblioteca?

   → Fui a la biblioteca _____

2. ¿Cuándo fue la última vez que fuiste al doctor?

   → Fui al doctor _____

3. ¿Cuándo fue la última vez que compraste un regalo?

   → Compré un regalo para_____ _____.

4. ¿Cuándo fue la última vez que entraste a Internet?

   → Entré a Internet _____.

5. ¿Cuándo fue la última vez que fuiste a un simposio?

   → Fui a un simposio _____.

6. ¿Cuándo fue la última vez que estudiaste toda la noche sin dormir?

→ Estudié toda la noche _____.

7. ¿Cuándo fue la última vez que fuiste al cine?

→ Fui al cine _____.

8. ¿Cuándo fue la última vez que ayudaste en tu casa?

→ Ayudé en mi casa _____.

9. ¿Cuándo fue la última vez que leíste el periódico?

→ Leí el periódico _____.

10. ¿Cuándo fue la última vez que fuiste a una fiesta?

→ Fui a una fiesta _____.

☺ **Palabras de ayuda**

el año pasado -작년	anoche -어젯밤	hace dos meses -2달 되다	ayer por la mañana -어제 아침에
hace mucho -오래되다	anteayer -엊그제	hace un mes -1달 되다	el mes pasado -지난 달
hace un año -1년 되다	ayer -어제	la semana pasada -지난 주	esta mañana -오늘 아침

☼ **3)** *La última vez que Lalo visitó a su abuelo fue hace 4 años. Por eso, ¡ayer fue un día especial para Lalo!*

¡Ayer, fue un día especial!

Ayer, (yo) 1._____ (VISITAR) a mi abuelo que vive en otra ciudad.

Por la mañana, (yo) 2._____ (LEVANTARSE) muy temprano,

3._____ (ARREGLARSE) y después 4._____ (SALIR) para Imsil.

Primero, (yo) 5._____ (SALUDAR) a mi abuelo, ¡4 años sin ver a mi abuelo!

Luego, (nosotros) 6._____ (DESAYUNAR) arroz con kimchi y bulgogui.

y (nosotros) 7._____(HABLAR) de muchas cosas que (nosotros)

8._____(HACER) en estos años. Después, (yo) 9._____ (VER) los animales

en la granja de mi abuelo.

Más tarde, (nosotros) 10._____ (SUBIR) a la montaña.

Y (nosotros) 11._____ (LLEGAR) al pueblo de queso.

¡Mi abuelo y yo 12._____ (COMER) muchos quesos!

Por la noche, mi abuelo me 13._____ (CONTAR) un cuento de lobos, ¡mi cuento

favorito! Después de despertarme, <u>me despedí</u> (DESPEDIRSE) de mi abuelo.

Todos de pie, preguntan a varios compañeros

La frase de hoy

¿Tuviste o hiciste algo especial ayer?

Sí, ayer tuve 4 exámenes. / Sí, ayer vi a unos amigos de la secundaria.

/ Sí, ayer no dormí porque tuve mucha tarea.

/ Sí, ayer fui al cine para ver mi película favorita.

/ No, ayer fue un día normal. / No, no hice nada especial.

---

* Ayer, mi compañero tuvo un día <u>especial</u> , <u>no durmió porque tuvo mucha tarea</u>

1. Ayer, mi compañero/a tuvo un día_____, _____

2. Ayer, mi compañero/a tuvo un día_____, _____

3. Ayer, mi compañero/a tuvo un día_____, _____

4. Ayer, mi compañero/a tuvo un día_____, _____

5. Ayer, mi compañero/a tuvo un día_____, _____

☼ **4)** *Un día en la playa. ¿Qué hizo Román?*

El domingo pasado, Román 1._____ (LEVANTARSE) temprano y

2._____ (DESAYUNAR) rápidamente. Después, 3._____ (PONERSE) su

ropa de playa y 4._____ (PREPARARSE) para salir. Román 5._____

(SALIR) de su casa hacia la playa a las 9:50, y después de 20 minutos, al fin

6._____(LLEGAR) a la playa muy temprano para aprovechar bien el día.

Muy feliz, 7._____ (PONER) su toalla en la playa y 8._____ (TOMAR) el

sol durante dos horas. Todo el día, 9._____ (CANTAR) su canción favorita. Más tarde,

10._____ (CORRER) en la playa y después de correr, 11._____ (TOMAR)

una limonada fría. Román 12._____ (ESTAR) en la playa hasta la tarde.

13._____(SER) un día de mucho descanso y de tranquilidad. Finalmente,

14._____(VOLVER) a su casa por la noche para cenar y dormir.

§ Lección 25. Mis amigos tuvieron una fiesta

§ TEMA 25. El tiempo pasado, en plural

☼ **1)** *Dos compañeros leen el diálogo*

A: Hoy me siento muy cansada...

B: Yo también, tengo mucho sueño. Estoy cansado...
   Ayer, tuvimos una fiesta y no dormimos.

A: Nosotras también tuvimos una fiesta.

B: ¿Por qué tuvieron fiesta?

A: Erika me invitó a jugar ping-pong y ¡ganamos!
   Por eso, hicimos una fiesta. ¿Y tú?

B: Alejandro me llamó y me invitó a jugar futbol.

A: ¿Y qué pasó?

B: Ellos nos ganaron (이기다) 6 goles contra 2.

A: Entonces, ¿ellos los invitaron a su fiesta?

B: No. Nosotros hicimos nuestra fiesta.

A: ¿Y por qué tuvieron fiesta?

B: Porque perdimos (지다)...

Todos de pie, preguntan a varios compañeros

La frase de hoy

¿Cuál fue el último viaje que hiciste con tus amigos?

Fuimos a la Isla Jeju / Fuimos a Salamanca / Fuimos a Europa

¿Qué hicieron durante el viaje?

Visitamos muchos lugares / comimos comida típica / descansamos
/ nadamos en el mar / montamos a caballo / subimos a la montaña

* <u>Carlos</u> y sus amigos fueron a <u>España</u> y <u>fueron al museo</u>

1. _____ y sus amigos fueron a_____ y _____.

2. _____ y sus amigos fueron a_____ y _____.

3. _____ y sus amigos fueron a_____ y _____.

4. _____ y sus amigos fueron a_____ y _____.

☼ **2)** *¿Cómo fue la fiesta de los Suárez? Responde junto con tu compañero*

La fiesta de los Suárez

¿Adónde fueron de vacaciones?
Los Martínez

Fuimos a Europa y nos divertimos mucho.

¿Fuiste al doctor?

Ana López

Señora de Suárez
Señor Suárez

Les trajimos unos regalos.

¡Lo sentimos...! Nuestros niños le tuvieron miedo al perro.

¿Prepararon más comida?
Paco López

La familia Silva

¿Qué hicieron los Suárez en vacaciones? 1._____ (IR) a Europa y

2._____ (DIVERTIRSE) mucho.

¿Qué pasó con los niños de los Silva? 3. Le _____ (TENER) miedo al perro.

¿Qué hizo Paco López en la fiesta? 4._____ (COMER) toda la noche.

¿Qué hicieron los Silva? 5. Les _____ (DAR) unos regalos a los Suárez.

¿Qué hizo Ana López en la fiesta? 6._____ (HABLAR) por teléfono con su amigo.

☼ **3)** *Las fiestas con tus amigos. Pregunta a tus compañeros*

1. ¿Te gusta ir a fiestas con tus amigos?
2. ¿Dónde fue la última fiesta?
3. ¿Qué hicieron después de la fiesta?

* Después de la fiesta, __Alan__ y sus amigos __fueron a cantar y a beber en casa toda la noche__

1. Después de la fiesta, _____ y sus amigos _____

2. Después de la fiesta, _____ y sus amigos _____

3. Después de la fiesta, _____ y sus amigos _____

☺ **Palabras de ayuda**

ir al café cantante -노래방에 가다	bailar en una discoteca -클럽에 가서 춤추다
comer pizza -피자를 먹다	comer *haejangguk* -해장국을 먹다
caminar toda la noche -밤새도록 걷다	bailar en la calle -길에서 춤추다
cantar y beber en casa -집에서 노래하고 (술을) 마시다	

☼ **4)** *La fiesta de quinceañera. Escribe los verbos*

el vals

el baile sorpresa

el vals con sus hermanos

partiendo el pastel

los disfraces

¿Saben cómo es una fiesta de quinceañera?

Ayer, mis primos y yo 1._____ (IR) a la fiesta de quince años de Andrea, que es mi prima también. Primero, mi tío y Andrea 2._____ (BAILAR) el vals. Después, sus hermanos 3._____(BAILAR) con ella. Su hermano menor es muy pequeño, pero no 4._____ (TENER) miedo y también 5._____(BAILAR). Luego, todos 6._____ (VER) el baile sorpresa. 7.¡_____ (SER) muy elegante! Andrea y sus amigos 8._____(PRACTICAR) mucho tiempo y lo 9._____ (HACER) muy bien. Más tarde, nos 10._____ (DAR) disfraces. 11.¡_____ (SER) muy divertido! Todos los invitados 12._____(BAILAR), 13._____ (CENAR) y 14._____ (DIVERTIRSE) mucho. Finalmente, Andrea 15._____(PARTIR) su pastel y todos 16._____(COMER). 17.¡_____ (ESTAR) delicioso! Nosotros 18._____ (VOLVER) a casa hasta las 2 de la madrugada. Mis hermanos y yo 19._____ (DORMIRSE) y 20. **nos**_____ (LEVANTARSE) hasta las 11 de la mañana...

☺ **Palabras de ayuda**

quinceañera -15번째 생일(성인식 파티)	salón de fiestas -파티장, 연회장	vals -왈츠
disfraces -가면 baile sorpresa -깜짝 춤	partir el pastel -케이크를 자르다	madrugada -새벽

§ Lección 26. Dile y dame, por favor

§ TEMA 26. Verbos más usuales en imperativo para pedir prestado

☼ **1)** *Dos compañeros leen el diálogo*

A: Enrique, **ven** acá, por favor.

B: Hola, David, ¿qué pasa?

A: Tengo un problema y necesito tu ayuda.

B: ¿**Dime**, cómo puedo ayudarte? ¿Qué problema?

A: Estoy enamorado de una chica muy hermosa, pero soy muy tímido.

B: ¿Y yo qué puedo hacer?

A: Por favor, ¡**dile** que la amo! Aquí hay flores para ella.

B: David, yo no puedo ayudarte, lo siento. Yo no puedo ayudarte, porque no debo...

A: Ah, bueno, ahí viene Paco. ¡Paco, **ven** acá, por favor!

☼ **2)** *Leer todos juntos, en voz alta*

INFINITIVO	PARTICIPIO	GERUNDIO
decir	dicho	diciendo

INDICATIVO	SUBJUNTIVO
(yo) digo	(yo) diga

IMPERATIVO	
di (tú)	decí (vos)
digan (ustedes)	decid (vosotros)

(tú)   di + me (a mí) → **dime** (명령형-나에게 말해)
(tú)   di + le (a él/ella) → **dile** (명령형-그/그녀에게 말해)
(tú)   di + les (a ellos/ellas) → **diles** (명령형-그/그녀들에게 말해)
¿Me haces un favor? 나를 도와줄래?

Dime, por favor... Dile, por favor...

Todos de pie, preguntan a varios compañeros.

La frase de hoy

Dime tu teléfono, por favor

Claro, mi número es 011 9203 2006

(cero-once, noventa y dos-cero tres, veinte-cero seis)

☼ **3)** *Pide un favor a alguno de tus compañeros, y luego, ese compañero le dice a*
otro (친구들 중에 아무에게나 이야기하면, 그 친구가 다른 친구에게 이야기를 전달합니다.)

    * a. __Ana__, ven por favor. Dile a __Luis__ que quiero su lápiz, por favor.
    * b. (Luis,) _____ dice que quiere tu lápiz.
    * c. __Luis__: Sí, aquí está. / No, no quiero. / Lo siento, no tengo lápiz.

1a. _____, ven por favor. Dile a _____
    que quiero su libro de conversación, por favor.
1b. _____ dice que quiere tu libro de conversación.

2a. _____, ven por favor. Dile a _____
    que voy a comer en su casa.
2b. _____ dice que va a comer en tu casa.

3a. _____, ven por favor. Dile a _____ que compre cervezas para todos.
3b. _____ dice que compres cervezas para todos.

4a. _____, ven por favor. Dile a _____ que haga mi tarea de español.
4b. _____ dice que hagas su tarea de español.

5a. _____, ven por favor. Dile a _____ que prepare un pastel para mí.
5b. _____ dice que prepares un pastel para él / ella.

6a. _____, ven por favor. Dile a _____ que quiero su pluma (bolígrafo).
6b. _____ dice que quiere tu pluma (bolígrafo).

7a. _____, ven por favor. Dile a _____ que quiero ir al cine con él/ella.
7b. _____ dice que quiere ir al cine contigo.

8a. _____, ven por favor. Dile a _____ que quiero estudiar con él/ella.
8b. _____ dice que quiere estudiar contigo.

9a. _____, ven por favor. Dile a _____ que quiero su mochila.
9b. _____ dice que quiere tu mochila.

10a. _____, ven por favor. Dile a _____ que voy a dormir en su casa.

10b. _____ dice que va a dormir en tu casa.

11a. _____, ven por favor. Dile a _____ que hoy voy a ir a comer con él/ella.

11b. _____ dice que hoy va a ir a comer contigo.

12a. _____, ven por favor. Dile a _____ que quiero ir al teatro con él/ella.

12b. _____, dice que quiere ir al teatro contigo.

13a. _____, ven por favor. Dile a _____ que quiero su paraguas.

13b. _____ dice que quiere tu paraguas.

14a. _____, ven por favor. Dile a _____ que quiero ir a bailar con él/ella.

14b. _____ dice que quiere ir a bailar contigo.

☼ **4)** *¡Vamos a cantar!* ♫♫ - *CANCIÓN 14 – Escuchar y a marcar con color el verbo DILE.*

Vamos a escuchar la CANCIÓN 14, ***Dile que la amo*** (http://kr.youtube.com/), y vamos a marcar con color la palabra '**dile**'. La canción está en el libro. Por ejemplo:

> ...
>
> Dile que la amo, dile que la extraño
>
> como una estrella errante extraña el hogar.

☼ **5)** *Dos compañeros leen el diálogo. Para "pedir prestado"* (빌리다)*, entre amigos*

A: Lalo, tengo que llevar una mascota a la clase, pero no tengo. Tú tienes cinco gatos... **Dame** uno de los gatos, por favor. Te lo doy mañana, ¿si?

B: Sí, no hay problema, Julio. Aquí está. Cuídalo mucho, por favor. Solamente **dale** leche por la mañana. Eso es todo.

A: Perfecto. Le voy a dar leche y lo voy a cuidar muy bien. Hasta mañana, y gracias.

B: De nada.

Dame tu gato, por favor, te lo doy mañana

☼ **6)** *Leer todos juntos, en voz alta*

INFINITIVO	PARTICIPIO	GERUNDIO
dar	dado	dando

INDICATIVO	SUBJUNTIVO
(yo) doy	(yo) dé

IMPERATIVO	
da (tú)	da (vos)
den (ustedes)	dad (vosotros)

(tú)   da + me (a mí) → **dame** (명령형-나에게 줘)
(tú)   da + le (a él/ella) → **dale** (명령형-그/그녀에게 줘)
(tú)   da + les (a ellos/ellas) → **dales** (명령형-그/그녀들에게 줘)
Dame, por favor...-나에게 ~를 좀 줄래?   pedir prestado -빌리다
¿Te molesto con...? ~을 돌려줄 수 있어?   *molestar -귀찮게 하다

☼ **6)** *Pide varias cosas a tus compañeros...*

1. Dame tu pluma, por favor. Te la doy más tarde, ¿si?
2. Dame tu libro, por favor. Te lo doy...
3. Dame tu mochila, por favor. Te la doy...
4. Dame tu borrador, por favor. Te lo doy...
5. Dame tus llaves, por favor. Te lo doy…
6. Dame tu...

☺ **Palabras de ayuda**

después -이후에	al rato -조금 뒤에	más tarde -더 늦게	mañana -내일
	pasado mañana -내일 모레	luego -이따가	

tus lentes	tu mochila	tu celular	tu cuaderno	tus llaves	tu lápiz	...

☼ **7)** *¿Te molesto? Para pedir lo que tú prestaste* (빌려준 것을 다시 돌려달라고 할 때)

B: Julio, ¿te molesto?, por favor **dame** mi gato.
A: Sí, aquí está. Muchas gracias, Lalo.
B: ¿Cómo estuvo tu tarea?
A: Hice bien mi tarea. Eres muy amable. Gracias.
B: De nada.

☺ **Palabras de ayuda**

| Muchas gracias | Mil gracias | Me sirvió mucho | Te agradezco mucho |

| Ya no lo necesito, gracias | Aquí está, muchas gracias | Eres muy amable |

☼ *Pide tus cosas a tus compañeros. Siempre hay que decir "por favor" y "gracias"*

¿Te molesto?
1. Por favor, dame mi pluma, la necesito ahora.
- Sí, aquí está, muchas gracias, me sirvió mucho.

2. Por favor, dame mi libro, voy a estudiar para el examen.
- Sí, toma. Ya no lo necesito, gracias.

3. Por favor, dame mi mochila, necesito.
- Sí, aquí tienes, te agradezco mucho.

4. Por favor, dame mi borrador, lo necesito porque me equivoqué.
5. Por favor, dame mi…

☼ **8)** *¡Vamos a cantar!* ♪♪ - *CANCIÓN 15* -
Luis Miguel canta la CANCIÓN 15, **Dame**. Vamos a escuchar la canción
(http://kr.youtube.com/), y vamos a marcar con color en el libro las palabras: '**dame**' '**dale**' y
'**ven**'. La canción está al final del libro. Por ejemplo:

> …
> dale un rumbo a mi emoción
> para hallar el camino de tu corazón
> dame amor.
> Ven, dame amor
> …

Anexos

A. Canciones

B. Respuestas

C. Material para recortar

A. Canciones

1. Ven conmigo

Canta: Christina Aguilera

Ven conmigo, ven conmigo, *baby*.
Ven conmigo, ven conmigo, *baby*.

Es hoy la ocasión
tengo listo el corazón,
¿vienes tú?
Ya la fiesta comenzó,
bailaremos sin control, ¡oh, oh!

Amor, llegó la noche de los dos,
razón de amar y de celebración,
juntos tú y yo hasta que ilumine el sol.

Escúchame:
solamente tú, *acércate a verme,*
solamente tú,
porque me enloqueces,
solamente tú.

No me hagas esperar,
contigo quiero estar,
ser tuya nada más,
solamente tú.

Ven conmigo, ven conmigo, baby.
Mi gran ilusión es quedarme junto a ti.
Solo tú, solo tú.

Tienes mi corazón
desde el día en que te vi,
estoy, amor, temblando de emoción,
pasión, calor,
no me sentí nunca mejor.
Ven hoy, por favor,
el destino ya nos unió.

No me hagas esperar,
contigo quiero estar,
siempre te voy a amar.
¡Ah, ah!

☺ **Palabras de ayuda**

solamente = solo
solamente tú = solo tú

2. Guantanamera

Canción popular cubana

Guantanamera, guajira guantanamera.
Guantanamera, guajira guantanamera.

Yo soy un hombre sincero,
de donde crece la palma,
yo soy un hombre sincero,
de donde crece la palma.
Antes de morirme quiero
echar mis versos del alma.

Guantanamera, guajira guantanamera.
Guantanamera, guajira guantanamera.

Mi verso es de un verde claro
y de un carmín encendido,
mi verso es de un verde claro
y de un carmín encendido,
mi verso es un ciervo herido
que busca en el monte amparo.

Guantanamera, guajira guantanamera.
Guantanamera, guajira guantanamera.

3. Entra en mi vida
Canta: Sin Bandera

Buenas noches, **mucho gusto**,
eras una chica más;
después de cinco minutos
ya eras alguien especial.
Sin hablarme, sin tocarme
algo dentro se encendió,
en **tus ojos** se hacía tarde
y me olvidaba del **reloj**.

Estos días, a tu lado,
me enseñaron que en verdad,
no hay tiempo determinado
para comenzar a amar.
Siento algo tan profundo
que no tiene explicación,
no hay razón **ni** lógica en mi corazón.

*Entra en mi vida, te abro **la puerta**,*
*sé que en **tus brazos** ya no habrá*
noches desiertas.
Entra en mi vida, yo te lo ruego,
te comencé por extrañar,
pero empecé a necesitarte luego.

Buenas noches, **mucho gusto**,
ya no existe nadie más.

Después de este tiempo juntos
no puedo volver atrás.
Tú me hablaste, me tocaste
y te volviste mi ilusión,
quiero que seas dueña de mi corazón.

*Entra en mi vida, te abro **la puerta**,*
*sé que en **tus brazos** ya no habrá*
noches desiertas.
Entra en mi vida, yo te lo ruego,
te comencé por extrañar,
pero empecé a necesitarte luego.

Entra en mis horas, sálvame ahora,
abre **tus brazos** fuertes,
y déjame entrar.

Entra en mi vida, te abro **la puerta**,
sé que en **tus brazos** ya no habrá
noches desiertas.
Entra en mi vida, yo te lo ruego,
te comencé por extrañar,
pero empecé a necesitarte luego.

Te comencé por extrañar,
pero empecé a necesitarte luego.

4. Canta corazón

Canta: Alejandro Fernández

Canta corazón,
que **mis ojos** ya la vieron por aquí,
que soñaron con su risa,
que he pasado por **su casa**,
que ha venido
porque quiere ser feliz.

Canta corazón,
que el amor de mis amores
ya está aquí,
que he guardado en cada carta,
que escribí con **las palabras**
que sembraste
en cada beso que te di.

*Y con **el tiempo***
te pensaba aferrada
*a **mis manos**,*
*y con **la lluvia** consolaba*
tu ausencia en los años,
y con el tiempo yo sabía
que algún día
morirías por volver.

Te lo dije cantando, ay,
te lo dije **de frente**,
que volverías conmigo,
volverías porque no quieres
perderme.

Te lo dije cantando, ay,
te lo dije de frente,
que sin mis besos
no puedes empezar
una mañana,
y sacarme de tu vida
y de tu mente.

Canta corazón,
que en la vida estaba escrito
que ella y yo,
éramos **abril** y **marzo**,
una gota en el desierto,
que íbamos a estar tan juntos
como **la luna** y **el sol**.

5. No importa la distancia

Canta: Ricky Martin

Una vez soñé
que en algún lugar
yo podría ser alguien
si lograse amar.

Y también soñé
que si he de triunfar
mi orgullo aferrado
tendré que superar.

Un día llegaré
no importa la distancia,
el rumbo encontraré
y tendré valor,
paso a paso iré
y persistiré,
a cualquier distancia
yo el amor alcanzaré.

Una vez te vi,
era todo irreal

y aunque fuese un sueño
te sentía junto a mí.

Sé que estás ahí,
que te encontraré,
aunque tarde una vida
yo jamás renunciaré.

Más allá de toda gloria
del orgullo y del valor,
el poder de un héroe
está en su corazón.

Un día llegaré
no importa la distancia,
junto a ti estaré
con tu resplandor;
paso a paso iré
y persistiré,
a cualquier distancia
yo tu vida y tu amor tendré.

6. Quiero decirte que te amo
Canta: Laura Pausini

Desde el ruido del mundo,
desde el giro de un carrusel,
de la piel a lo más hondo,
desde el fondo de mi ser,
de este inútil orgullo,
y del silencio que hay en mí,
desde estas ganas mías de vivir.

Quiero decirte que te amo,
quiero decirte que eres mío,
que no te cambio por ninguno,
que por tenerte desvarío.

Quiero decirte que te amo,
porque eres tan igual a mí,
cuando por nada discutimos
y luego te cierras en ti.

Del peor de mis fallos,
de un error por el que pagué,
de un **teléfono** del centro,
de mis ganas de vencer.

De la dicha que siento
y de esta fiebre mía por ti,
desde que me enseñaste a sonreír.

Quiero decirte que te amo,
quiero decirte: ¡estoy aquí!
Aunque me aleje de tu lado
*tras **la ventana** de **un taxi**.*

Debo decirte que te amo,
porque es mi única verdad,
tú no me sueltes de la mano
aunque podamos terminar.

Desde el blanco de la página,
desde mi fragilidad,
desde mi carta te cuento
de mi sinceridad.

Y quiero decirte que…
que no te cambio por ninguno
porque eres como yo, porque....

Quiero decirte que te amo,
te amo.

7. Vuela más alto
Canta: OV7

Vuela más alto, más,
vete más lejos, ya,
de un solo trago
bébete el **azul** del **cielo**.

Mucho más alto, más,
mucho más lejos ya,
hasta encontrar
el corazón del universo.

La casa no es más que un lugar
al que poder regresar,
cada vez que por un traspié
necesitas que un poco de calor
te obligue a volver al camino.

Si piensas también como pienso yo,
que la vida es **un pájaro**
que hay que perseguir,
y que echar raíz
les puede ir muy bien a **los árboles**,
¿qué haces quieto?

Tan solo es cuestión
de querer o no
aprender a ser prácticos.

La imaginación
es la que después,
con su gran poder,
nos hace mover **los pies** del suelo

Vuela, vuela, vuela…

8.   Nada es igual
Canta: Luis Miguel

Duérmete aquí, sueña por mí,
yo te amaré
hasta el final del tiempo.
Besarte así con tanto amor,
ya mi vida **no es igual**
si a mi lado tú no estás.

*Nada es igual sin ti, **no es igual**,*
*no soy **nadie** sin tu amor,*
*nada es igual, ni el **cielo** ni el **mar**,*
*todo cambia de **color** si no estás **cerca**,*
***vuelve** pronto a mí, que no sé vivir sin ti.*

Quédate aquí, **cerca** de mí,
sé que tú serás la dueña de mis sueños.
Verte reír, amar y seguirte amando,
nada es igual si a mi lado tú no estás.

Por eso, háblame, llévame,
déjame sentir.
Por eso, ámame,
la puerta queda **abierta**
hasta que vuelvas a mí,
yo aquí esperaré por ti.

9.   Días de verano
Canta: Amaral

No quedan días de **verano** para pedirte perdón,
para borrar del pasado el daño que te hice yo.
Sin besos de despedida y sin **palabras** bonitas,
porque te miro a **los ojos** y no me sale la voz.

*Si pienso en ti siento que esta **vida** no es justa.*
*Si pienso en ti y en la luz de esa **mirada** tuya.*

No quedan días de **verano**, el **viento** se los llevó;
un **cielo** de **nubes** negras cubría el último adiós,
fue sentir de repente tu ausencia como un eclipse de sol.
¿Por qué no vas **a mi vera**?

*Si pienso en ti siento que esta **vida** no es justa.*
*Si pienso en ti y en la luz de esa **mirada** tuya,*
*esa **mirada** tuya...*

Es de esos días de **verano**,
vivo en el reino de la soledad.
Nunca vas a saber cómo me siento.
Nadie va a adivinar cómo te recuerdo.

Si pienso en ti, siento que esta **vida** no es justa.
Si pienso en ti...
Esa **mirada** tuya.
No quedan días de **verano**.

☺ **Palabras de ayuda**

a mi vera = a mi lado

10. Mi destino eres tú

Canta: Lucero

Tener tu amor
es la razón
de mi existir,
de mi vivir.

Quiero en tus brazos
descubrir
que soy feliz
viviendo en ti.

Unir dos almas
en total plenitud,
quiero saber
si mi destino eres tú.

Te quiero, te tengo
muy dentro de mí
te quiero, deseo
amarte hasta el fin.

Eres el **regalo**
que la vida me dio,
mi destino, amor, **eres tú**.

Contigo quiero compartir
lo que vendrá, lo quiero así,
aunque tan solo un **despertar**
no pido más, si es **junto a ti**.

Siempre **a tu lado**
adonde quieras volar,
a las **estrellas**
me puedes llevar.

11.   Amigo
Canta: Roberto Carlos

Tú eres mi **hermano del alma**,
realmente el **amigo**,
que en todo **camino** y jornada
está siempre **conmigo**.

Aunque eres un **hombre**
aún tienes alma de **niño**,
aquel que me da su **amistad**,
su respeto y cariño.

Recuerdo que juntos pasamos
muy duros momentos,
y tú no cambiaste
por fuertes que fueran los vientos.

Es tu corazón **una casa**
de **puertas abiertas**,
tú eres realmente el más cierto
en horas inciertas.

En ciertos momentos difíciles
que hay en la vida,
buscamos a quién nos ayude
a encontrar la salida.

Y aquella palabra de fuerza y de fe
que me has dado, me da la certeza
que siempre estuviste a mi lado.

Tú eres mi **amigo del alma**
en toda jornada,
sonrisa y abrazo festivo
a cada llegada,
me dices verdades tan grandes
con frases abiertas,
tú eres realmente el más cierto
de horas inciertas.

No preciso ni decir
todo eso que te digo,
pero es bueno así sentir
que eres tú mi gran **amigo**.

No preciso ni decir
todo eso que te digo,
pero es bueno así sentir
que yo tengo un gran **amigo**.

12. Me dediqué a perderte

Canta: Alejandro Fernández

¿Por qué no te besé en el alma cuando aún podía?,
¿por qué no te abracé la vida cuando la tenía?
y yo que no me daba cuenta cuánto te dolía,
y yo que no sabía el daño que me hacía.

¿Cómo es que nunca me fijé que ya no sonreías?,
y que antes de apagar la luz ya nada me decías,
que aquel amor se te escapó, que había llegado el día
que ya no me sentías, que ya ni te dolía.

Me dediqué a perderte,
*y me ausenté en momentos que se han ido para **siempre**,*
me dediqué a no verte
*y me encerré en mi **mundo**, y no pudiste detenerme.*

Y me alejé mil veces
*y cuando regresé te había perdido para **siempre**,*
*y quise detenerte y entonces descubrí que ya mirabas **diferente**,*
me dediqué a perderte, me dediqué a perderte.

¿Por qué no te llené de mí cuando aún había **tiempo**?,
¿por qué no pude comprender lo que hasta ahora entiendo?,
que fuiste todo para mí y que yo estaba ciego,
te dejé para luego, este maldito ego.

13. Antología

Canta: Shakira

Para amarte necesito una razón,
y es difícil creer que no exista
una más que este amor.

Sobra tanto dentro de este corazón,
y a pesar de que dicen
que los años son sabios
todavía se siente el dolor.

Porque todo el tiempo que **pasé** junto a ti,
dejó tejido su hilo dentro de mí.

Y **aprendí** a quitarle al tiempo los segundos,
tú me **hiciste** ver el cielo aún más profundo,
junto a ti creo que **aumenté** más de tres kilos
con tus tantos dulces besos repartidos;
desarrollaste mi sentido del olfato,
y **fue** por ti que **aprendí** a querer los gatos,
despegaste del cemento mis zapatos
para escapar los dos volando un rato.

Pero **olvidaste** una final instrucción,
porque aún no sé cómo vivir sin tu amor.
Y **descubrí** lo que significa una rosa,
me **enseñaste** a decir mentiras piadosas
para poder verte a horas no adecuadas
y a reemplazar palabras por miradas.
y **fue** por ti que **escribí** más de cien canciones
y hasta **perdoné** tus equivocaciones,
y **conocí** más de mil formas de besar,
y **fue** por ti que **descubrí** lo que es amar,
lo que es amar...

14. Dile que la amo

Canta: Kairo

Cuántas veces al despertar
en cualquier desconocida ciudad,
dile que la amo,
dile que la extraño
como una estrella errante extraña
el hogar.

Ni siquiera sé dónde estoy,
pero sigo envenenado de amor,
dile que la amo,
dile que la extraño,
que va conmigo en cada respiración.

Porque me duermo acariciando
su imagen,
y repasándola detalle a detalle;
porque la quiero más que a nada
ni a nadie,
le pido al viento que la espía
por el balcón.

Dile que la amo,
dile que la extraño,
que va conmigo a cada paso que doy.
Dile que la amo,
dile que la extraño,
que me consigue tener siempre
en tensión.

Siento que es la primera vez
que lo encuentro todo
en una mujer,
ando ilusionado como un niño,
tanto que estoy seguro
que no le fallaré.

Llevo su foto en un bolsillo del pecho,
conozco bien su repertorio de gestos,
sé de memoria sus rincones secretos
y las promesas que en su cuerpo
hay para mí.

Dile que la amo.

15. Dame

Canta: Luis Miguel

Dame agua, **dame** vida,
ya no quiero estar dormido,
dame alguna seña,
que me acerque más a ti.

Dame el árbol de tu vida,
que me cure las heridas
y que vuelva a sonreír.

Dame cielo, dame fuego,
dame todos tus sentidos.

Ábreme las puertas,
ya no quiero estar aquí,
dame la llave de tus sueños
que tu amor ya tiene dueño
y te quiere hacer feliz.

Dame alguna prueba de amor,
que calme el dolor,
que queden para siempre
mis besos vibrando en tu cuerpo.

Dame alguna prueba de amor
que calme el dolor,
que quede nuestra historia de amor
a través de los tiempos.

No me digas que no,
que no vas a venir,
que yo te quiero hacer feliz.

Dame tu presencia,
dame tu naturaleza,
dame alguna clave
que me acerque más a ti,
dame un mapa de tu cuerpo,
dame todos tus secretos
que yo te quiero hacer feliz.

Dame señas de tu amor,
dale un rumbo a mi emoción
para hallar el camino de tu corazón,
dame amor.

Ven, dame amor,
que calme mi dolor.

No me digas que no,
que no vas a venir,
que yo te quiero hacer feliz.

B. Respuestas

* En cada caso, se indica primero el número del tema

y, en seguida, el de la actividad

§ 1. ☼ 7) *Escribe el verbo SER. Compara con tus compañeros*

1. soy	8. son	
2. somos	9. soy	15. somos
3. son	10. es	16. es
4. eres	11. es	17. son
5. es	12. es	18. somos
6. es	13. son	19. son
7. son	14. son	20. somos / son*

* Si el hablante se incluye en el grupo, entonces se usa 'todos' como 1ª persona

§ 2. ☼ 7) *Escribe el nombre en las líneas*

el pelo	el brazo
la ceja	la mano
el ojo	la pierna
la nariz	el pie
la boca	
el cuello	

§ 3. ☼ 1) *¿Quién es Iván? Escribe el nombre de cada amigo en el cuadro*

§ 5. ☼ 1) *¿Quién es?*

1. don Pablo	6. Víctor
2. Silvia	7. Beto
3. Jorge y Celia	8. don Pablo
4. padres	9. Silvia, Lalo y Alex
5. Víctor	10. Paty

§ **5.** ☼ **3)** *¡Escribe rápido!*

1. doña Laura
2. Lidia, Maricela, Mariana y Beto
3. La esposa de Jorge
4. Lidia, Maricela, Mariana y Beto
5. Víctor
6. Paty
7. Pablo y Laura

8. 7 nietos
9. Celia
10. Aldo
11. Lidia, Maricela y Mariana
12. No tiene. / No está casado. / Es soltero.
13. Laura

§ **8.** ☼ **5)** *Busca las diferencias*

1. En A hay <u>una mesa</u> y en B no hay.

2. En A hay <u>un tapete</u> y en B no hay.

3. En A hay <u>una manta pequeña</u> y en B no hay.

4. En A hay <u>un reloj</u> y en B no hay.

5. En B hay <u>un escritorio</u> y en A no hay.

6. En B hay <u>un insecto en el estante</u> y en A no hay.

7. En B hay <u>un muñeco en el estante</u> y en A no hay.

8. En A hay <u>3 plumas</u> y en B hay <u>2 plumas</u>.

9. En A hay <u>una almohada</u> y en B hay <u>2 almohadas</u>.

10. En A hay <u>un cuadro</u> y en B hay <u>3 cuadros</u>.

§ **9.** ☼ **2)** *En equipo, encierra la respuesta correcta*

1. almohada
2. estufa - horno de microondas
3. jabón
4. cepillo de dientes
5. toalla
6. espejo
7. lámpara
8. cómoda
9. cafetera
10. trapo
11. estante

12. ventilador - aire acondicionado
13. tostador
14. manta
15. cama
16. cortinas - persianas
17. aspiradora
18. móvil - celular
19. fregadero
20. refrigerador
21. sillón - silla
22. escritorio

23. paraguas
24. calentador
25. pluma - lápiz
26. borrador
27. mochila - portafolios
28. radio - audífonos
29. secador de pelo
30. cuchillo - tijeras
31. televisión
32. tapete - alfombra
33. llave

§ 9. ☼ 3) *¿Qué es? Escribe el número de las cosas*

§ 11. ☼ 2) *Junto con tu compañero, completa el cuadro siguiente*

PRIMERA PARTE			
1	ruso/a	Rusia	ruso
2	colombiano/a	Colombia	español
3	inglés/a	Inglaterra	inglés
4	surcoreano/a	Corea del Sur	coreano
5	australiano/a	Australia	inglés
6	chileno/a	Chile	español
7	peruano/a	Perú	español
8	argentino/a	Argentina	español
9	español/a	España	español
10	japonés/a	Japón	japonés
11	alemán/a	Alemania	alemán
12	francés/a	Francia	francés
13	italiano/a	Italia	italiano
14	chino/a	China	chino

SEGUNDA PARTE			
1	norcoreano/a	Corea del Norte	coreano
2	griego/a	Grecia	griego
3	hindú	India	hindi
4	vietnamita	Vietnam	vietnamita
5	tailandés/a	Tailandia	tailandés
6	mongol/a	Mongolia	mongol
7	paraguayo/a	Paraguay	español y guaraní
8	mexicano/a	México	español
9	estadounidense	Estados Unidos	inglés
10	canadiense	Canadá	inglés y francés
11	puertorriqueño/a	Puerto Rico	español e inglés
12	brasileño/a	Brasil	portugués

§ 18. ☼ **5)** *¿Dónde está? *El criterio para la ubicación es la posición de las puertas de los lugares*

1. el teatro
2. la piscina
3. los laboratorios
4. el restaurante

5. el teatro y el auditorio
6. la rectoría
7. el cine
8. el museo

§ 18. ☼ **6)** *¿Adónde vamos?*

1. biblioteca
2. Facultad de Filosofía
3. teatro
4. gimnasio
5. farmacia

6. piscina
7. cine
8. hospital
9. museo
10. restaurante

§ 22. ☼ **2)** *¿Quién es el que...? ¿Quién es la que...?*

1. electricista
2. piloto
3. obrero
4. chofer
5. médico
6. enfermera
7. agente de seguros
8. policía
9. gerente
10. bombero

11. cartero
12. profesora
13. pintor
14. cocinero
15. peluquero
16. cantante
17. cajera
18. dependiente
19. artista
20. bailarina

21. sociólogo
22. burócrata
23. economista
24. diplomático
25. juez
26. mesero
27. plomero
28. mecánico
29. jardinero
30. dentista

§ 22. ☼ **3)** *¿Quién trabaja en...?*

1. la profesora
2. el mecánico
3. el cocinero y el mesero
4. el dependiente y la cajera
5. el médico y la enfermera

6. el diplomático
7. el burócrata
8. el chofer
9. el bombero
10. el cantante

§ 24. ☼ 4) *La última vez que Lalo visitó a su abuelo fue hace 4 años*

1. visité
2. me levanté
3. me arreglé
4. salí
5. saludé
6. desayunamos
7. hablamos

8. hicimos
9. vi
10. subimos
11. llegamos
12. comimos
13. contó

§ 24. ☼ 5) *Un día en la playa. ¿Qué hizo Román?*

1. se levantó
2. desayunó
3. se puso
4. se preparó
5. salió
6. llegó
7. puso

8. tomó
9. cantó
10. corrió
11. tomó
12. estuvo
13. fue
14. volvió

§ 25. ☼ 3) *¿Cómo fue la fiesta de los Suárez?*

1. fueron
2. se divirtieron
3. tuvieron
4. comió
5. dieron
6. habló

§ 25. ☼ 5) *La fiesta de quinceañera*

1. fuimos
2. bailaron
3. bailaron
4. tuvo
5. bailó
6. vimos
7. fue
8. practicaron
9. hicieron
10. dieron

11. fue
12. bailaron
13. cenaron
14. se divirtieron
15. partió
16. comimos
17. estuvo
18. volvimos
19. nos dormimos
20. nos levantamos

C. Material para recortar

§ 8. ☼ 5) *Busca las diferencias*

HOJA PARA RESPUESTAS

1. En A hay _____ y en B no hay.

2. En A hay _____ y en B no hay.

3. En A hay _____ y en B no hay.

4. En A hay _____ y en B no hay.

5. En B hay _____ y en A no hay.

6. En B hay _____ y en A no hay.

7. En B hay _____ y en A no hay.

*Puedes usar números

8. En A hay _____ y en B hay _____.

9. En A hay _____ y en B hay _____.

10. En A hay _____ y en B hay _____.

§ 16. ☼ 1) *Recortar y dibujar*

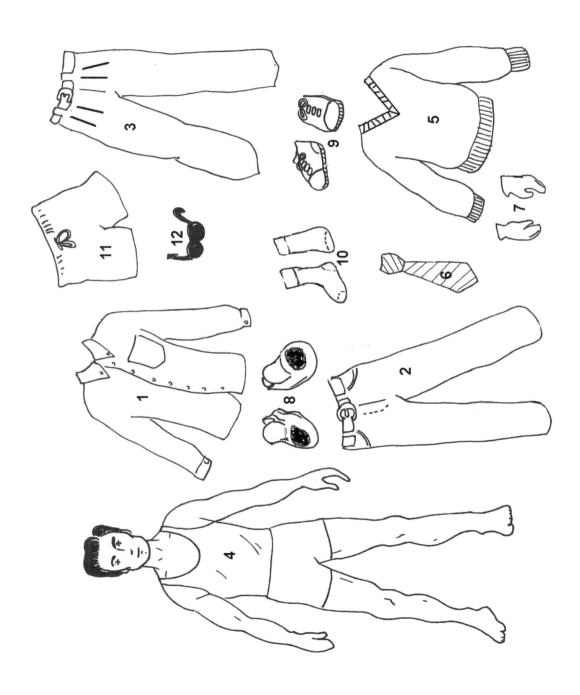

§ 16. ☼ **1)** *Recortar y dibujar*

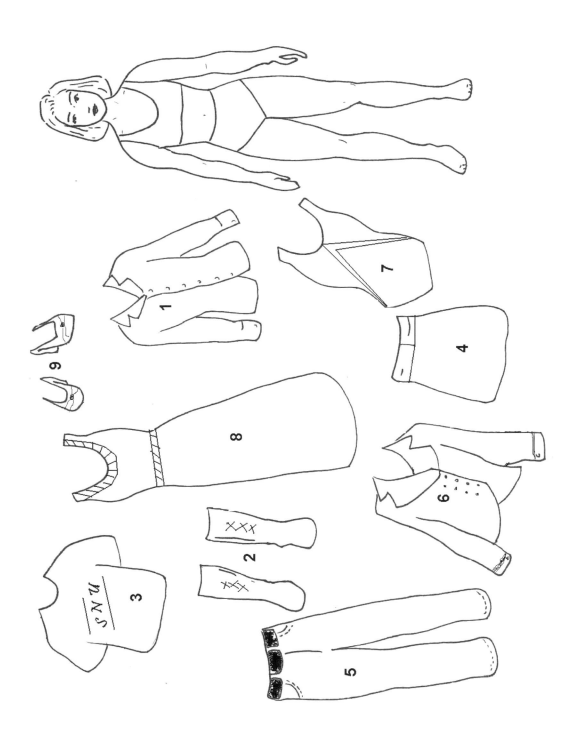

§ 21. ☼ VERBOS PRONOMINALES

Por la mañana...		yo	él -ella
1º.	despertarse -(잠에서) 깨다	me despierto	se despierta
2º.	levantarse -일어나다	me levanto	se levanta
3º.	bañarse -목욕하다	me baño	se baña
3º.	lavarse el pelo -머리를 감다	me lavo el pelo	se lava el pelo
3º.	lavarse la cara -세수하다	me lavo la cara	se lava la cara
4º.	lavarse los dientes -양치질을 하다	me lavo los dientes	se lava los dientes
♦	afeitarse -면도를 하다	* me afeito	* se afeita
5º.	secarse -건조하다, 말리다	me seco	se seca
6º.	peinarse -머리를 빗다	me peino	se peina
♥	maquillarse -화장을 하다	* me maquillo	* se maquilla
7º.	vestirse / ponerse la ropa -옷을 입다	me visto / me pongo...	se viste / se pone...
7º.	arreglarse -정돈하다	me arreglo	se arregla

Por la noche...		yo	él - ella
1º.	quitarse la ropa -옷을 벗다	me quito la ropa	se quita la ropa
2º.	acostarse -잠에 들다	me acuesto	se acuesta
3º.	dormirse -잠자다	me duermo	se duerme

☺ VERBOS SIN PRONOMBRE

Por la mañana... Por la tarde...		yo	él - ella
1º.	desayunar -아침을 먹다	desayuno	desayuna
2º.	almorzar -아침/점심을 먹다	almuerzo	almuerza
3º.	salir de casa -집을 나서다	salgo de casa	sale de casa
4º.	llegar a la universidad -(대)學校에 도착하다	llego a la universidad	llega a la universidad
5º.	entrar a clase -교실에 들어가다	entro a clase	entra a clase
6º.	comer -먹다	como	come

Por la noche...		yo	él - ella
1º.	cenar -저녁을 먹다	ceno	cena
2º.	regresar a casa -집에 돌아가다	regreso a casa	regresa a casa
3º.	arreglar... -짐(물건)을 정리하다	arreglo mis cosas	arregla sus cosas
4º.	leer un poco -(책을) 조금 읽다	leo un poco	lee un poco
5º.	dormir 8 horas -8시간을 자다	duermo 8 horas	duerme 8 horas

§ 23. ☼ VERBOS EN PASADO (pretérito)

VERBO	tiempo PASADO	tiempo PASADO	VERBO	tiempo PASADO	tiempo PASADO
	yo / él	nosotros / ellos		yo / él	nosotros / ellos
acostarse	me acosté / se acostó	nos acostamos / se acostaron	**limpiar**	limpié / limpió	limpiamos / limpiaron
almorzar	almorcé / almorzó	almorzamos / almorzaron	**llamar**	llamé / llamó	llamamos / llamaron
arreglar arreglarse	me arreglé / se arregló	nos arreglamos / se arreglaron	**llegar**	llegué / llegó	llegamos / llegaron
bailar	bailé / bailó	bailamos / bailaron	**partir**	partí / partió	partimos / partieron
beber	bebí / bebió	bebimos / bebieron	**pasar**	pasé / pasó	pasamos / pasaron
cantar	canté / cantó	cantamos / cantaron	**perder**	perdí / perdió	perdimos / perdieron
cenar	cené / cenó	cenamos / cenaron	**poder**	pude / pudo	pudimos / pudieron
comer	comí / comió	comimos / comieron	**poner**	puse / puso	pusimos / pusieron
conocer	conocí / conoció	conocimos / conocieron	**practicar**	practiqué / practicó	practicamos / practicaron
contar	conté / contó	contamos / contaron	**preguntar**	pregunté / preguntó	preguntamos / preguntaron
chocar	choqué / chocó	chocamos / chocaron	**preparar**	preparé / preparó	preparamos / prepararon
dar	di / dio	dimos / dieron	**regresar**	regresé / regresó	regresamos / regresaron
desayunar	desayuné / desayunó	desayunamos /desayunaron	**sacar**	saqué / sacó	sacamos / sacaron
descansar	descansé / descansó	descansamos / descansaron	**salir**	salí / salió	salimos / salieron
despedirse	me despedí / se despidió	nos despedimos / se despidieron	**saludar**	saludé / saludó	saludamos / saludaron
despertarse	me desperté / se despertó	nos despertamos / se despertaron	**ser**	fui / fue	fuimos / fueron
divertirse	me divertí / se divirtió	nos divertimos / se divirtieron	**tener**	tuve / tuvo	tuvimos / tuvieron
dormir	dormí / durmió	dormimos / durmieron	**tomar**	tomé / tomó	tomamos / tomaron
encontrarse (con...)	me encontré con /se encontró con	nos encontramos / se encontraron	**trabajar**	trabajé / trabajó	trabajamos / trabajaron
hacer	hice / hizo	hicimos / hicieron	**ver**	vi / vio	vimos / vieron
jugar	jugué / jugó	jugamos / jugaron	**vestirse**	me vestí / se vistió	nos vestimos / se vistieron
lavar	lavé / lavó	lavamos / lavaron	**visitar**	visité / visitó	visitamos / visitaron
leer	leí / leyó	leímos / leyeron	**volver**	volví / volvió	volvimos / volvieron

§ 23. ☼ 5) *Ejercicio "LAS NOTICIAS DEL FIN DE SEMANA"*

UNO- *(Habla)* _____:

- Muy buenos días, estimados televidentes.
- Hoy tenemos las noticias del fin de semana.
- Este fin de semana, nuestro/a compañero/a _____ hizo muchas cosas interesantes.
- EL SÁBADO,
   primero _____,
   luego, _____,
   y después _____.
- Y EL DOMINGO,
   primero _____,
   luego, _____,
   y después _____.

- Ahora, vamos a escuchar a nuestro/a compañero/a _____

DOS- *(Habla)* _____:

- Gracias. Muy buenos días, estimados televidentes.
- Seguimos con las noticias.
- Este fin de semana, nuestro/a compañero/a _____ hizo muchas cosas interesantes.
- EL SÁBADO,
   primero _____,
   luego, _____,
   y después _____.
- Y EL DOMINGO...
   primero _____,
   luego, _____,
   y después _____.

- Ahora, vamos a escuchar a nuestro/a compañero/a _____

TRES- *(Habla)* _____:

- Gracias. Muy buenos días, estimados televidentes.
- Seguimos con las noticias.
- Este fin de semana, nuestro/a compañero/a _____hizo muchas cosas interesantes.
- EL SÁBADO,
  primero _____,
  luego, _____,
  y después _____.
- Y EL DOMINGO...
  primero _____,
  luego, _____,
- y después_____.

- Finalmente, vamos a escuchar a nuestro/a compañero/a _____

CUATRO- *(Habla)* _____:

- Gracias. Muy buenos días, estimados televidentes.
- Seguimos con las noticias.
- Este fin de semana, nuestro/a compañero/a _____hizo muchas cosas interesantes.
- EL SÁBADO,
  primero _____,
  luego, _____,
  y después _____.
- Y EL DOMINGO...
  primero _____,
  luego, _____,
- y después_____.

- Es todo por hoy, y los esperamos mañana en otro NOTICIARIO de SNU (ese-ene-u) en ESPAÑOL.